DEJA DE VENDER

¡CONECTA!

Segundo Paso

DEJA DE VENDER ¡CONECTA!

Segundo Paso

LAS NEUROCIENCIAS A TU FAVOR

INDICE

PREFACIO

Hogares funcionales y tradicionales con jerarquía de autoridad patriarcal y justa, tienden a ser cunas de futuros Líderes y las conexiones que estos generan son perdurables.

Los hogares disfuncionales con un liderazgo débil y nebuloso o despótico y exagerado, raras veces generan Líderes.

Para que una familia produzca líderes, no importa si el liderazgo domestico recae en la madre o en el padre, siempre y cuando sea justo, constante, firme e imparcial.

El hogar del ser humano destinado a ser Líder es un lugar estable, donde hay reglas con deberes, orden con firmeza, disciplina con justicia y amor con respeto; sin ese consentimiento ciego que da todo sin pedir nada a cambio.

Ningún ser humano se convierte en Líder de la noche a la mañana, es un proceso educativo paulatino y prolongado que puede dar o no resultados.

En esta obra, Waldemar plasma en palabras sencillas sin ser rebuscadas los elementos fundamentales del Liderazgo, sintetizando los temas que realmente requiere un Líder, después de años de investigación de varios autores, encontramos que el Liderazgo es un tema tan amplio sin embargo a la vez tan específico, que mucho de esto se ha escrito y poco se ha investigado.

Se aprende a ser Líder como se aprende a patinar; cayéndose, cometiendo errores y corrigiéndolos a través de reunir elementos necesarios y sobre la marcha.

Lo que usted encontrará en este libro es un producto de la locura e ímpetu en constante evolución sin descuidar los fundamentos científicos que cita Waldemar, muestra de la tenacidad e investigaciones realizadas durante muchos años por grandes investigadores y científicos, se suma al camino de ser trota mundos, aprendiendo del fracaso y levantándose, aportando a la humanidad.

Los futuros Líderes ven los retos y los riesgos como medio de superación y realización personal, pues de usted depende ser contagiado por el contenido de este libro, para muchos será el motivo de crítica y discusión, sin embargo no se atrevieron hacerla de esta manera.

Muchos copiarán y pegaran sin tener resultados, evitando así crecer en el proceso, muchos también serán parte de la estadística del 95% que se queda en el camino por la falta de disciplina.

Sin embargo el otro 5% posee mejores oportunidades y nuevas herramientas para alcanzar el éxito esperado y crear cambios en sus vidas.

El reto es de usted.

La obra está en sus manos.

Dr. Mauricio Nelligan

AGRADECIMIENTOS.

Gracias a Dios por qué me escuchas, tú siempre me escuchas y por darme la oportunidad de contribuir en la generación de Líderes comprometidos; por darme la oportunidad de servir y de ayudar a su crecimiento a la humanidad sembrando valores universales, sembrando amor y con amor crear en vínculo para seguir sumando por el tiempo que me quede.

A mi Madre por darme la Vida y ser el vehículo para llegar a esta escuela maravillosa llamada vida y que a sus posibilidades fungió de guía hasta lo que hoy soy te honró en vida.

A mi Tía Blanca Ma. Elena por apoyarme en todas mis locuras y ser mi paño de lágrimas y que desde su óptica siempre, invariablemente siempre me ha dado su apoyo.

A la vida por darme la oportunidad más grande de la creación, pues los errores que he cometido son muestra fehaciente de que estoy en constante evolución, me declaro terco emprendedor exitoso.

A mi Hijos Ricardo Waldemar, Ángel Aimé, Karol Alí, Aolaní Mahé que son la bendición más grande que Dios me ha conferido, siendo este un legado para la humanidad pues son ustedes son la semilla de un Líder y que el mundo sabrá de cada uno de ustedes.

Muy especialmente al Lic. Miguel Ángel Cornejo y Rosado por enseñarme, guiarme a ser Líder y sembrar una luz de esperanza a través de sus palabras y sus letras, por ser mi gran Maestro en Vida y yo su mejor alumno, ofrendo mi Libro como homenaje póstumo Q.E.P.D. 21 de agosto de 2015.

A mis amigos que han sido la cuna de las investigaciones que realice y la inspiración de este libro.

A Luis Eduardo Barón por enseñarme y compartir valor con humildad y sencillez.

A mi amigo Manuel Alonso Inclán por contribuir con un marco de referencia cuántica.

Al Dr. Mauricio Nelligan por indicarme nuevos horizontes y su muy peculiar forma de percibir el Liderazgo.

A todas y cada una de las personas que falta citar en este libro y que han aportado valor, conocimiento y mucha sabiduría a través de sus palabras que hice la conversión para plasmar aquí una forma de sumar y sumar para entregarle a el mundo lo mejor de su ser y con amor.

A ti, gracias infinitas por tener ahora este libro en tus manos, pues te atreviste a cambiar y a despertar al ser infatigable; que está destinado a ser un Líder sin tanto rollo.

Una sugerencia más, cuando se desea verdaderamente aprender, el mejor camino es la acción. En ningún momento será suficiente el leer este libro si no se lleva a la práctica; el ser protagonista a través de la ACCIÓN, esta le permitirá llegar al éxito y sobre todo alcanzar sus sueños y seguramente engrandecerás la creación de Dios y sumarás valor el resultado de tus acciones bien planeadas.

Con todo mi amor, te agradezco desde el corazón.

Coach Edmundo Waldemar Mejía Becerril

ACERCA DEL AUTOR

¿Quién es el Coach Edmundo Waldemar Mejía Becerril?

Ingeniero en Comunicaciones y Electrónica de profesión egresado de la Universidad Nacional Autónoma de México (UNAM).

Con estudios adicionales en Programación Neuro Lingüística e Inteligencia Emocional en la Universidad Intercontinental de México.

Coach de Vida y Ejecutivo Certificado

Neuro entrenador ejecutivo

Ha colaborado en empresas de Telecomunicaciones trasnacionales y en la Banca.

Fundador de empresas de servicios y consultoría.

Actualmente.

Consultor independiente, terco emprendedor, Coach de Negocios e Instructor en temas de

- Familia
- Negocios
- Neuro Conexiones
- Finanzas e Inversiones

Sin más preámbulo, gracias nuevamente por abrir las posibilidades de crecimiento.

El uso de herramientas De las Neuro Ciencias.

MUCHO SE HABLA ACERCA DEL CEREBRO HUMANO Y DE LA CAPACIDAD DE EVOLUCIONAR INCLUSO DE HERRAMIENTAS PODEROSAS; ¿CUÁNTAS CONOCES?

Desde sus inicios, el Cerebro humano se mantiene en constante evolución y es a partir de la década de los 50´s en los Estados Unidos de Norte américa donde el presidente en turno Harry S. Truman abre las puertas a la investigación profunda de las ciencias del ser humano, con especial énfasis en el cerebro y la mente humana.

NEURO CIENCIAS

📁 PNL

✏️ Inteligencia Emocional

Varias universidades respondieron al llamado del Presidente Harry S. Truman, incluso en las fuerzas armadas comenzó la carrera de investigación del Cerebro Humano y la mente, que en sus inicios los resultados de las primeras investigaciones fue manejada como información clasificada, colocando en la delantera a muchos científicos y militares Norte Americanos, con el avance de estas investigaciones y de los medios de comunicación, se liberó buena parte de estos secretos de Universidad como Militar.

Es en el ámbito Militar donde tecnología y descubrimientos de cómo funciona la mente y el manejo de las emociones dan muestra de un resultado probatorio.

En las siguientes décadas Neuro científicos y Neuro Investigadores del comportamiento humano y de la mente dieron a luz sus primeras obras acerca de cientos de investigaciones de los cuales John Grinder, Joseph O´Connor, John Seymour, Richard Bandler nos revelan que las palabras a través de repeticiones bien enfocadas generan una programación positiva, a este efecto se le denomino Programación Neuro Lingüística o PNL como ahora la conocemos.

LA PNL COMO UNA HERRAMIENTA QUE SUMA A LAS CONEXIONES HUMANAS.

¿Qué es la Programación Neuro Lingüística?

Es el arte y la ciencia de la excelencia personal, es una ciencia porque hay un método y un proceso para descubrir modelos empleados en individuos que generan resultados sobresalientes. A este proceso se le llama Modelar.

Mucho de los resultados que hoy conocemos en la PNL fueron empleados por psicoterapeutas punteros en la investigación del comportamiento. Fritz Perls creador de la terapia conocida como Gestalt sumo su talento con Virginia Satir psiquiatra familiar para crear un panorama más comprensible y adaptable a modelos de repetición de las palabras.

Te preguntarás, ¿Qué tiene que ver esta historia?

Por supuesto que mucho, es importante conocer el origen para sustentar una verdad comprobada pues te compartiré herramientas probadas para generar un efecto inmediato en tu persona e impactar positivamente a tu entorno, generando resultados diferentes mediante acciones diferentes y vocalización diferente.

¿Tiene sentido?

Si o si empezamos.

Como recordarás al inicio de este libro, te compartí historia de nuestro Cerebro y cómo llegamos a nuestra época y las investigaciones que llevaron al descubrimiento de un gran universo que es nuestro cerebro.

Nuestro cuerpo, nuestro cerebro y nuestra mente llevan procesos químicos a velocidades impresionantes llamadas sinapsis, asociadas a lo que hoy conocemos la química del pensamiento, aunado a esto, las Neuro ciencias facilitan el camino para generar conexiones duraderas y exitosas con las personas, con tu entorno, con la relación en la forma de generar negocios basados a un plano consciente y manejando adecuadamente tus emociones.

No solo se trata de Marketing, son las emociones que generan una compra en forma repetida, pues dejo de ser un secreto.

Cuando corriges errores que comúnmente aprendemos a base de repetición <u>observada;</u> ahora cambiaras tu enfoque con una serie de nuevas palabras, a esto le llamamos disociación; des aprender y aprender de nuevo mediante información probada mediante repeticiones de Neuro afirmaciones.

¡Tiene sentido!

En capítulos anteriores he señalado que nuestro cerebro posee dos niveles de almacenamiento ordenado llamado constructos neuronales, llamados también consciente e inconsciente, nuestro inconsciente controla todas nuestras necesidades básicas de supervivencia; es decir nuestros latidos, nuestra respiración, nuestros movimientos físicos, nuestra reproducción, en general todas nuestras necesidades vitales en el cuerpo humano.

Nuestro consciente controla la parte superior de nuestro cerebro, es la parte del pensamiento analítico y racional así como es el puente entre nuestro pensar y sentir, sin embargo cabe mencionar que nuestro cerebro es el más poderoso ordenador creado por alguien superior a nuestra capacidad de asimilar lo conocido, sin ir más lejos la forma consciente de como percibimos nuestro entorno y a las personas, animales, lo visible en general y lo no visible tiene relación con nuestros dos sentidos consciente e inconsciente.

La parte consciente de nuestro cerebro está limitada a pocas secciones dentro del poderoso ordenador y este interpreta o percibe al mundo interior de nuestros pensamientos o del mundo exterior.

T. Harv Eker señala en su libro, Secretos de la mente millonaria una frase contundente;

"MI MUNDO EXTERIOR ES REFLEJO DE MI MUNDO INTERIOR".

¿Cuál es el objetivo de señalarte esta frase contundente?, la importancia de conectar nuestros sentidos y sobre todo nuestra mente consciente, donde somos los responsables de generar de inicio una disociación, retirar de nuestra mente en forma consciente la información limitante y que fue grabada desde nuestra infancia, incluso desde el embarazo de nuestra Madre.

Es mediante a través de la PNL donde ingresamos nueva información poderosa y mediante de repeticiones damos esas afirmaciones un sentido de dirección y propósito a nuestra vida, generando así un reflejo de nuestra mente, nuestro mundo exterior comienza a cambiar ante nuestra mirada, deja de ser una mirada superficial, se convierte poco a poco y reforzando nuestro mecanismo de disociación en nueva percepción de nuestra vida y entorno.

¡Tiene sentido!

Aquí te compartiré afirmaciones poderosas para generar nuevo aprendizaje, el objetivo es conectar directo a la mente consciente e inconsciente de las personas con las cuales nos relacionamos.

Del mismo modo aprenderemos hacer preguntas claras y muy poderosas que permita abrir nuestro inconsciente de una forma consciente, suena loco sin embargo tiene un por qué.

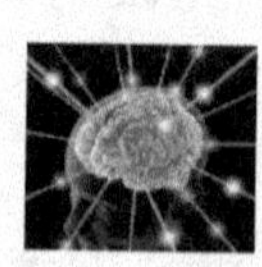

Dado que vamos a aprender mediante un proceso conoceremos las cuatro etapas del aprendizaje:

1. Incompetencia inconsciente

2. Incompetencia consciente

3. Competencia consciente

4. Competencia inconsciente

Desaprender es tomara el camino de la etapa 4 hacia la etapa 2.

Reaprender es ir de la etapa 2 a la etapa 4 con información diferente y con más opciones.

Es importante considerar que para reaprender debemos tener la flexibilidad para cambiar nuestra forma de actuar hasta obtener los resultados o nuestra meta de corto alcance y para ello te presento tres puntos a consideración.

Objetivo.

Agudeza.

Flexibilidad.

La PNL nos ofrece herramientas probadas, hoy haremos uso de algunas de ellas para generar cambios contundentes en ti, con la inteligencia que; para lograr conexiones es indispensable la flexibilidad y la apertura consciente.

¡Tiene sentido!

Entonces iniciamos, aquí comenzamos con preguntas y respuestas claras y más adelante solo preguntas que tu deberás responder desde la honestidad más profunda de tu persona, esto generará un cambio importante para lograr nuestra meta objetivo, CONEXIONES.

¿Cuál es nuestra meta? ¡Generar conexiones!

¿Qué pasaría si elijo mantener mi zona? ¿Cuál zona? ¡Tú zona de confort!

¿Qué es lo que realmente quiero? ¡Generar conexión y que adquieran mis servicios!

¿Qué voy a hacer para alcanzar mi objetivo? ¿Cómo puedo empezar? ¡Ser flexible en mi pensamiento!

¿Cómo sabré que lo he conseguido? ¡Con mis resultados, con mis metas logradas!

¿Qué recursos requiero para alcanzar mi objetivo? ¡Esfuerzo, tiempo y repetición, repetición, repetición de nueva programación!

PERCEPCIÓN.

Toda comunicación tiene un punto de inicio: nuestros sentidos, vista, oído, olfato, gusto, tacto.

Cual será tu percepción acerca de nuestro entorno, el que ahora percibes con una mirada objetiva.

Todo cuanto existe en el universo está hecho de partículas subatómicas, como los electrones, estas partículas cuando existen como "puro potencial" están en estado de onda mientras no son observadas. Potencialmente son todo y a la vez nada, hasta que son observadas, por lo tanto.

Todo lo que existe en nuestra realidad física existe como "puro potencial". Si las partículas subatómicas pueden existir en forma simultánea en una infinidad de posibles lugares, somos en potencia capaces de colapsar en una posibilidad de posibles realidades, es decir.

Si puedes imaginar un acontecimiento futuro en tu vida basada en cualquiera de tus deseos, esa realidad ya existe como posibilidad en el campo cuántico esperando a que la observes. Si tu mente puede influir en la aparición de un electrón. En teoría, puede influir en la aparición de cualquier posibilidad.

¡Tiene sentido!

El mapa nunca es el territorio, lo que significa que en nuestra percepción puede ser equivoca acerca de un concepto individual, considerado en forma grupal; lo que nos lleva a pensar un instante, sólo un instante que cada percepción del mundo como de nuestro entorno jamás será el mismo ni el mismo contexto del grupo, pues cada persona percibe y siente con una óptica única y esto crea la diferencia.

La magia de la comunicación radica en esas diferencias perceptivas, la realidad objetiva jamás es la misma.

La realidad subjetiva siempre existirán diferencias en cada ángulo del cual se percibe, por ello la definición que el mapa nunca es el territorio.

Suena loco como antes lo he mencionado, el nuevo objetivo es que percibas a tu persona como a los demás de una manera diferente, que te permita conectar en pocos segundos con las emociones de las personas partiendo de lo general y llegando a lo individual, donde el rapport es tan corto, casi instantáneo.

Ahora daré inicio a la sección de preguntas de las cuales requiero tu entera entrega y más amplia honestidad que las respondas, las respuestas harán parte de tu reflejo cuántico, dichas respuestas estarán ligadas en los resultados que buscas en relación a una conexión, ¿Estamos listos?

Comenzamos.

¿Qué quiero lograr en la vida?

Para mi propio concepto. ¿Estoy satisfecho con el nivel de resultados alcanzados hasta ahora?

¿Qué pasaría si el concepto de mí deja de ser congruente con lo que deseo conectar?

¿Cuál es la expectativa de las personas que deseo conectar?

¿Cuál es mi expectativa en este momento?

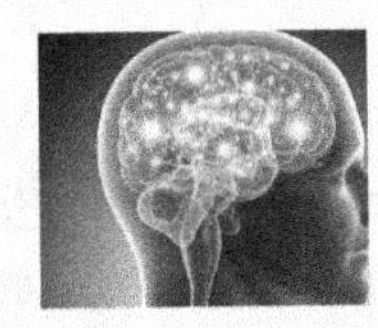

ADAPTA TU HISTORIA.

La importancia de hacer destacar una historia y que está sea real, cobra sentido y dirección orientada a guiar de forma emocional la toma de decisiones al momento de adquirir un producto o servicio, la mejor forma de conectar con un cliente y que este se cautive; deberá reforzar los beneficios que tiene tu propuesta única de venta (PUV)

Es importante aclarar que el Cliente jamás compra por comprar, el cliente adquiere una historia bien contada y de esta actividad dependerá tu éxito personal, por ello en forma ordenada y explicándote él porque, te comparto cada uno de los conceptos aprendidos.

El propósito de esta obra es compartir contigo herramientas probadas las cuales bien empleadas generan el éxito deseado de forma ética y con actividad bien pensado, dando soluciones en excelencia en cualquier producto o servicio del cual conectas con una persona o con muchas personas.

¿Qué depende? De tu personalidad y esta invariablemente es formativa, la personalidad suma una serie de cualidades y una de ellas es actitud mental siendo esta una herramienta poderosa que muy fácil la detectan las demás personas, es meramente intuitiva y sin explicación.

El contar una historia empleando los canales perceptivos de cada persona previamente expuestos con anterioridad, las historias requieren de ser congruentes, es decir. Son pensadas, son contadas y son gesticuladas con el único fin de conectar y esta conexión genera el poder de decisión de adquirir tu producto o servicio.

Muchas historias son contadas y esta herramienta se usa y se sigue usando por el marketing de los cuales puedes encontrar historias éticas e historias mal intencionadas que logran confundir al cliente, esté hecho a la posteridad genera un nivel de desconfianza que de tal forma, que la persona receptiva te observa en forma más aguda, debido a un engaño mal intencionado con una historia previa daña el poder de elección y toma de decisiones del cliente.

¿Por qué considero que es importante saber contar una historia?

En el momento que cuentas una historia real o propia con el ritmo, velocidad y tono de voz adecuado y los espacios propicios harán que un nuevo cliente llegue a tu vida.

¡Tiene sentido!

Cuando adaptas un historia real con las herramientas antes descritas y sumas la emoción que generé y capture la atención de las personas, la mejor forma de generar una conexión es ser una persona entusiasta, puedes subir la energía de las personas a tu alrededor, el entusiasmo es contagioso y abres más rápido los canales perceptivos de las personas, este entusiasmo siempre deberá ser congruente.

Saber influir y generar conexiones con las personas emplea herramientas fundamentales que son:

La Sonrisa, primer herramienta donde obtienes tu un 50% de posibilidades de generar una conexión exitosa, las historias juegan un papel fundamental para la toma de decisiones y mejor aún, generar que el cliente te compre más de dos veces estas logrando algo mucho más con un cliente.

La confianza, está tiene un lugar muy importante para la toma de decisiones, pues un cliente siempre te adquiere si el confía en ti, de otro modo tendrás que insistir, insistir e insistir; el grado de confianza de un cliente dependerá que tan bien puedes adaptar tu historia.

Si realmente careces de una historia real y que sea creíble, puedes apalancarte de la "Metáfora" y deberás ser muy claro en mencionar que se trata de la misma, pues el cliente podrás sorprenderlo una vez, sin embargo jamás generarás fidelización.

Agregar emocionalidad a una historia real, podrás generar rapport y empatía; ¿Cómo generar emocionalidad? ¿Cómo conectar la emoción, contar la historia y crear rapport?

El secreto a voces es y será el manejo adecuado de tu lenguaje corporal y la textura de la voz, recordarás que toda comunicación posee dos factores fundamentales para conectar, 7% verbal, 93% corporal, el lenguaje corporal deberá coincidir con la emocionalidad acorde a la historia.

Tus emociones influyen en forma preponderante en el lenguaje corporal, la textura de la voz amalgama la conexión con la emoción.

Las texturas de la voz conecta la emoción y esta emoción conecta con la parte más profunda de nuestro cerebro, en núcleo cerebral controla las emociones, recuerda emoción conecta emoción, reptil conecta reptil.

La textura de la voz debe ser coherente con el lenguaje corporal para ello un ejemplo sencillo.

Cuando sonríes al comenzar tu historia, es la llave de una conexión, suma la expresión corporal o lenguaje corporal con una postura recta, brazos alineados en semi-doblez a la altura del plexo solar con las palmas extendidas hacia arriba, de inicio tu postura muestra apertura, tu sonrisa conecta y la textura de voz a emplear será conectada a tu sonrisa, tono medio, pausado y con energía elevada al hablar, al iniciar tu historia.

Notaras como en segundos la persona receptiva regresará una sonrisa, señal que estás abriendo el canal adecuado reptil, indicará a la persona que no será atacada, podrá confiar en ti por lo menos los primeros minutos antes de conectar la parte superior del cerebro, nuestra parte racional.

Recuerda que un vocabulario rico sin ser rebuscado y tu lenguaje corporal tiene un aspecto de suma importancia que crea una relación bidireccional entre el Cliente-Asistente de Consumo-Cliente.

Antes que la información llegue al núcleo del cerebro hay un filtro que evalúa si transmites confianza o desconfianza, si inspiras seguridad o inseguridad, nuestro cerebro evalúa en forma intuitiva dicha impresión.

Muchas ocasiones creemos que nuestro mensaje es la llave y se mantiene como un proceso lógico del pensamiento (PLP) y que esté abre la emocionalidad del Cliente, lamento decirte que es falso, la mente posee varios candados intuitivos que solo abren en cuestión de segundos y es nuestra capacidad el abrir en el momento justo, son las llaves del puente entre las emoción y la razón que radica en el cerebro reptil.

El Cliente te evaluara en forma automática en intuitiva, tus gestos, tu mirada, tu postura y tus movimientos, donde determina si eres amigo o depredador potencial.

Es nuestra habilidad el abrir los sentidos y la emoción correcta en el tiempo que el cliente nos concede, pues la toma de decisiones del cliente será crucial si tu lenguaje corporal genera una conexión congruente con la historia que le presentarás. Que todos estos aspectos suman y generan una herramienta muy poderosa al momento de tomar una decisión.

El verdadero poder de crear un cliente satisfecho radica en la congruencia del tu mensaje y la habilidad de transmitir tu historia real, recuerda que un cliente es aquel que además de elegirte una vez, más bien te estará eligiendo más de dos veces, pues lograste satisfacer una necesidad y guiaste con una decisión acertada cuya asociación de sus propias ideas llevo a cabo elegirte.

Te voy a compartir un ejemplo que para mí tiene mucho sentido el arte de comunicar una historia, el Dr. Camilo Cruz en una charla que impartió acerca de la magia de saber comunicar eficientemente a un nuevo cliente y que este te adquiera.

Charla del Dr. Camilo Cruz en Dallas Texas U.S.A.

Ten siempre presente que en la inmensa mayoría de los casos obtener los resultados deseados nunca dependerán necesariamente de lo que digas sino de cómo lo digas.

Y para probar esto quiero que escuches un aviso publicitario que se lanzó en la ciudad e New York en una revista hace algunos años que es un gran ejemplo de cómo decir las cosas, dice tal manera que comuniquemos emociones que ayuden a los clientes potenciales a visualizarse disfrutando de los beneficios del producto.

La historias cuenta que cierta persona deseaba vender su casa, pues había tratado de hacerlo varios meses y a través de varias agencias sin obtener ningún resultado.

Y el periódico publico algunos de los avisos que estas agencias habían utilizado y en su mayoría eran cosas así por este estilo.

Vendo hermosa casa con garaje, espacioso jardín, cuatro cuartos y chimenea, posee aire acondicionado, calefacción y acceso conveniente a escuelas y centros comerciales.

Y todos estos detalles y características son importantes a la hora de ofrecer cualquier producto sin embargo como mencione anteriormente, es sabido que las personas nunca compran características sin beneficios a menos que se puedan ver disfrutando de ellos en su propia vida, en pocas palabras; su decisión de comprar es más emocional que basada en argumentos lógicos, de manera que si deseamos ser efectivos en el campo de las ventas, tenemos que crear en nuestros clientes las emociones que les permitan tomar la decisión de comprar nuestro producto o servicio, así que después varios meses sin obtener resultados positivos, aquella persona, decidió tomar las cosas en sus propias manos y decidió publicar un anuncio que transmitiera sus sentimientos y dejara el claro el propósito de dicho anuncio.

Y he aquí el anuncio que ella público. El aviso en letras grandes decía.

"EXTRAÑAREMOS NUESTRO HOGAR".

Hemos sido felices en él, sin embargo infortunadamente cuatro cuartos ya dejaron de ser suficientes y por tal razón debemos mudarnos, si le gusta el calor de la leña quemándose en la chimenea mientras admira la naturaleza a través de grandes y espaciosos ventanales y, si gusta de un jardín despejado propicio para admirar las puestas de sol en el verano, o las templadas y calladas mañanas primaverales y desea disfrutar de todas las ventajas de un hogar bien situado; es posible que usted quiera comprar nuestro hogar.

Esperamos que así sea, nunca quisiéramos que estuviera solo para estas navidades.

La casa se vendió al día siguiente.

Ahora bien, cuando tu como comprador lees este aviso, lo primero que te imaginas; es una familia feliz para la cual simplemente la casa ya es demasiado pequeña, ahora que hay de malo con la casa, simplemente la familia ha crecido y necesita una más grande.

Lo más importante es que te ayuda visualizando los beneficios que esa casa ofrece; este es sin duda alguna el mejor ejemplo, "Nunca es lo que digas, más bien COMO LO DIGAS".

¡Tiene sentido!

EL USO DE LA METAFORA

Hace algunos años y en clase con mi mentor y maestro, Miguel Ángel Cornejo Q.E.P.D. nos explicaba la importancia de contar una historia que fuera real y en caso de faltar historias reales y estas tuvieran matices de emoción, debemos recurrir a la metáfora.

¿Qué es una Metáfora?

La **metáfora** (del latín *metaphora*, y éste a su vez tomado del <u>griego</u>; propiamente "traslado", "desplazamiento"; derivado de *metapheró* "yo transporto") es el desplazamiento de significado entre dos términos con una finalidad estética. Su estudio se remonta a la *Poética* y la *Retórica* de <u>Aristóteles</u>.

Segú la definición de Wikipedia, mi concepto es: Conectar tus sentidos emocionales y guiarlos a un plano donde la imaginación te pinta el escenario para la una historia específica.

Sin tanto rollo, es darte permiso y crear un escenario haciendo uso de la imaginación de las personas, es importante aclarar que se trata de una Metáfora, cuando lo evitas las personas te etiquetan de mentiroso.

La metáfora se convierte en una herramienta en la forma de como contar una historia, si la historia le pertenece a otra persona o es metáfora, es imprescindible mencionarlo que harás uso de la metáfora, recuerda que la verdad también se compra y se compra bien, por lo tanto el poder de tus palabras y siempre que seas claro tendrán un gran poder de conexión con tu interlocutor o con muchas más personas, la única forma de conexión es; siempre expresando la verdad y manifestando con tu cuerpo esa verdad, recuerda que si mientes, tu cuerpo te delata.

Las personas que son observadoras serán las primeras en dar la espalda y ponerse en movimiento, pues ellas tienen claro que lo que ven y oyen tiene un papel importante en ser perceptivos, las personas jamás compran, tú conectas emociones y solucionas necesidades.

Generas   la conexión con las personas haciendo uso correcto y adecuado de las herramientas que hasta este momento te he presentado, de la misma forma te he aclarado si hay un autor y estas frases o notas han generado un mensaje especial para mí y quiero compartirlo contigo.

Las personas que son auditivas notaran que la fuerza de tus palabras si están actuadas y falta de claridad el mensaje o te lo estas adueñando y pensaran más y con mayor detenimiento, que al final darán la espalda y buscaran mejores opciones, pues son escucharon en ti un mensaje que conectara la emoción con la intensidad de esas palabras, jamás le pusieron atención a lenguaje corporal sin embargo tienen la capacidad de escuchar muy profundamente la fuerza de las palabras, esto es algo intuitivo.

Las personas Cenestésicas tendrán mucho más enfoque en el lenguaje corporal y la expresión de tus manos y la voz, si estas carecen de sentimiento, ni muestran tu emocionalidad, dichas personas darán la espalda y buscaran nuevas sensaciones, otros tonos de voz suaves, amables y cadenciosos que los hagan sentir y vibrar su emocionalidad, es entonces donde te adquieren de otro modo jamás habrá resultados.

¡Tiene sentido!

MANEJA
ADECUADAMENTE
TUS EMOCIONES.

Hace muchos años, aprendí algunas cosas que marcaron mi emocionalidad y mi propia percepción acerca de las emociones, pues estas jamás las aprendemos en la escuela, ya vienen incluidas en nuestro maravilloso equipo mental.

Es justo en la adolescencia donde se desencadena mucho aprendizaje y se manifiesta nuestros sentidos, el papel que juega las emociones en esta etapa de nuestras vidas crea un parte aguas para el resto en nuestra línea del tiempo, pues es ahí donde algunos acontecimientos, momentos y sobre todo manifestaciones de todo lo que hemos aprendido en nuestra infancia, muestra nuestra realidad en esa etapa, donde una emoción se refuerza y en algunos casos se magnifica a tal grado que bloquea por completo el desarrollo de nuestras emociones en nuestra vida, dicha emoción es el MIEDO.

Nadie en nuestra familia nos enseña con una definición clara que es, se adquiere a nuestra llegada y se imprime en las generaciones que nos anteceden, por supuesto que hay historia acerca del MIEDO, tiene su raíz antropológica y está impreso en nuestra mente desde las etapas evolutivas al inicio explicadas.

Esta emoción en específico, solo la identificaremos sin dedicarle mayor espacio, solo debemos saber que ahí está y, que en nuestra fuerza, nuestro amor propio, nuestra propia voluntad que mantiene a raya dicha emoción, cuando te das cuenta que ahí esta y que debes dejarla en algún lugar de tu mente pues el Miedo te ayudará solo en casos muy específicos y jamás en todos tus actos, los casos específicos son: Tu supervivencia, imagina un terremoto, te mueves porque te mueves, imagina el hundimiento en un barco, te mueves porque te mueves a salir a flote, solo citare esos dos ejemplos.

Ya que sabemos que ahí está el MIEDO te compartiré una poderosa herramienta para brincar nuestras propias barreras llamadas miedo momentáneo.

Te explico, en nuestra mente estará presente nuestra vocecita que es controlada por el EGO y nuestro ego nos frena o nos inyecta gasolina para sobre salir, sin embargo para conectar con muchas personas nuestro EGO y nuestra vocecita interior jamás logran esa meta, por insignificante que la veas.

Nuestra vocecita juega un papel en las barreras mentales que le concedemos el permiso de poner en nuestra vida, esas barreras mentales son posibles de saltar y derribar.

Si y solo si tú ya dejas de permitir que la vocecita elija por ti, cuando tomas en las riendas de tus actos y tus decisiones ignorando la vocecita que te dirá siempre alagándote y poniendo en duda las elecciones del corazón.

Este tema es imprescindible tocarlo con el objetivo de tener en claro que el responsable directo de los resultados alcanzados, serás tú, yo te estoy compartiendo mis experiencias que me llevaron a generar resultados, logros en mi vida empleando estas herramientas que hoy están en tus manos, ¿estás listo para continuar?

¡Tiene sentido!

LA INTELIGENCIA EMOCIONAL COMO HERRAMIENTA PARA CONECTAR

En su libro el Dr. Daniel Goleman investigador de la Universidad de Massachusetts creo un parte aguas, entre lo que se sabía y lo que está realmente probado e investigado.

Mostrando a las emociones y la forma de cómo se manifiestan y algunas tips de cómo controlar la emocionalidad, quizá con la forma científica como estandarte sin descuidad el objetivo principal que es conocer claramente las emociones y como manifestarlas adecuadamente en una forma consciente, pues eres tu quien las vive.

Recientemente aprendí una gran lección de un gran ser humano y Trainer Financiero Juan Diego Gómez Gómez, originario de Colombia. Donde él dice así.

"La emocionalidad se vive en segundos, las consecuencias son permanentes"

El mismo acuño el término de "MODO HERVIR PURPURA" que en lo personal me hace clic el hecho que esas simples palabras tengan un efecto en las emociones de muchas personas y me incluyo, donde el poder de sentir y de esbozar "ESTOY EN MODO HERVIR" tiene un poder significativo en la mente de muchas personas y esas mismas palabras te las transmito a ti, es una herramienta poderosa el esbozar palabras de gran significado que en todo momento inhiben a la vocecita interior, debo ser claro contigo, tu EGO siempre te estará jugando malas pasadas y te estará dando justificaciones, de las cuales eres tu quien elige el camino.

Regresando al conocimiento de la inteligencia emocional y cómo puedes manejar tus propias emociones debemos conocer todas y cada una de ellas, pues hasta que sabes que ahí están y que las conoces podrás saber en qué momento están saliéndose de control y pueden generar cambios importantes y consecuencias que muchas veces ignoramos ser conscientes de los hechos ni de los resultados.

Por ello te las presento.

1. MIEDO

- Temor

- Pánico

- Sufrimiento

- Culpa

- Victimes

- Evasión

- Vergüenza

- Juicio a los demás y a ti mismo

- Ira

  - Rencor

  - Resignación

Tan solo son unos cuantos, estos mismos generan emociones contradictorias que el cuerpo desconoce el ocultar pues el lenguaje corporal lo transmite de inmediato y se propaga como un virus en las demás personas, generando un contagio nada agradable, es importante identificarlas en ti, teniendo claro que existen en nuestra mente podemos generar cambios sustanciales en la forma de cómo nos mostramos al mundo, de la forma de interpretar a nuestro mundo nos lleva a las siguientes emociones.

EMOCIONALIDAD LIGADA AL AMOR

Emoción del AMOR

2. AMOR

   2.1. Auto Estima

   2.2. Valor

   2.3. Alegría

   2.4. Ética

   2.5. Disciplina

   2.6. Honestidad

   2.7. Humildad

   2.8. Responsabilidad contigo mismo

   2.9. Compromiso contigo mismo

   2.10.   Reconocer

   2.11.   Introspección

   2.12.   Extroversión

   2.13.   Autocontrol

   2.14.   Colaboración

El Amor como emoción representa mucho más que los aquí señalados, pues he citado los que para mí son vital relevancia y alta presencia en una persona con deseos de mejorar y crear un motor en su vida, sentirse motivado, la emocionalidad positiva va asociado intrínsecamente a los antes descritos, para ambas caras de la moneda puedes estar motivado por ello la motivación se queda en medio de las dos emociones raíz fundamentales.

Ahora que sabes que todos los seres humanos poseemos las dos emociones raíz fundamentales, será más fácil el camino de comprender y llevar a cabo de una forma consciente hacia dónde quieres llegar, cuando sabes y conoces tus propios recursos te darás permiso de ajustar el blanco.

Las emociones juegan un papel importante e importante es saber que la vocecita te estará dando indicaciones en forma constante que su interpretación y silenciando tu propia interpretación, la introspección es parte de reconocer y reconocerte desde un modo consciente, este siempre te llevará a la reflexión y el cuestionamiento; ese es el objetivo de estas líneas, llevarte a reflexiona, cuestionarte y cuestionar hacia dónde quieres llegar, cuando tu objetivo meta aparece en tu pensamiento, es el momento de plasmarlo en un trozo de papel pues cuando tú lo escribes, estas indicándole a tu mente que ahí será el enfoque de tus pensamientos, energía y plan de acciones.

Ahora que sabes que todos tenemos dos emociones raíz y estas se derivan una serie emociones, que desconocemos el manejo y controlar es importante conocerlas y saber de ellas y comenzar a generar un cambio positivo en nuestra persona.

Si tu objetivo general es conectar mediante el uso adecuado de las emociones, estamos en el camino adecuado

Si desconoces aún hacia dónde vas, aun cuando ya tienes en tus manos información probada y esta es importante llevarla a la acción, entonces te invito a que leas de nuevo desde el comienzo.

Te preguntarás ¿Cuál es el objetivo de preguntar esto y en este punto?

La respuesta yace en tu corazón pues en adelante estaremos inmersos justo en las emociones, las que conectan, las que te dan resultados, las que vas a permitir expresar, las que se manifiestan en forma asertiva y clara hacia las personas y para las personas, esas son la razón de este libro.

¿Estás listo?

¡Tiene sentido!

Las Ventas SON ENERGÍA

LA ENERGÍA es nuestro propio imán.

Reforzando nuestras emociones, aparece un término a la emocionalidad la conocemos como energía; según la ciencia toda energía tiene una fuente generadora que acelera los átomos, microscópicas partículas de las que se compone toda materia, cada partícula está formada por Átomos, y dentro de esos átomos protones, electrones y neutrones.

Ahora bien, saber que existen nos da un punto de referencia al respecto, nosotros tenemos una fuente generadora de energía muy poderosa, está se le conoce como nuestro corazón, el combustible son los alimentos que ingerimos y los pulsos que mantienen en ritmo como ajuste del mismo radica en nuestra mente; por lo tanto.

Considera que estas tres partes fundamentales como algo imprescindible a partir de ahora.

Es ejercer el poder de la elección, elegir comprometerte contigo mismo y encontrar la razón que te motive, a eso querido lector se le llama propósito de vida.

1.- El poder de elegir.

El presentar información y ponerla a tu alcance, yace en la mente de las cuales muchas ocasiones tomamos decisiones y elecciones intuitivas sin ser conscientes por algunos instantes de ellas, por ello cité la raíz de las emociones.

Hoy te invito a darte permiso de pensar por lo menos tres segundo, antes de dar una respuesta, tomar una decisión y elegir algo, date el permiso de pensar 3 segundos, sea cual sea el tema notaras que a partir de darte permiso de usar tres segundos para pensar tendrás una respuesta diferente a una respuesta reactiva que en muchos de los caso son respuestas y elecciones intuitivas ignoradas. Así es jamás pensamos 3 segundos, usualmente reaccionamos, el ser reactivos siempre genera consecuencias.

Es importante señalar que pocas son las reacciones las cuales debes considerar, supervivencia es vital, riesgos por impericia y descuidos voluntarios.

El resto date permiso de pensar antes de responder, date permiso de pensar antes de elegir, date permiso antes de actuar, solo son tres segundos, esto es una herramienta de las emociones, aprendamos a aprovechar y generar más energía evitando fugas, la energía te hará es importante señalar que estos tres y solo estos tres segundos son para emplearse en modo receptivo, es decir cuando tu recibes información y deberás dar una respuesta ya sea afirmativa o negativa de dicho estimulo.

Por lo cual también debes darte permiso de decir "NO" cuando ya has reflexionado y pensado tu respuesta, haciendo el uso del poder elegir.

¡Tiene sentido!

¡Piensa 3 segundos!

2.- Tu palabra.

Cuando te das permiso de pensar antes de responder, antes de elegir e incluso antes de actuar, tomaras el uso adecuado de tus palabras y estas también tienen un gran poder, las palabras adquieren fuerza y poder una vez que son esbozadas, estas mismas viajan a través del aire y llegan a la persona o grupo de personas a las cuales deseamos compartir algo, ya sea una acción o pensamiento.

La importancia de las palabras las cuales expresa tu sentir, tu pensar y tu elegir deberá reforzarse con la acción, si eliges evitar dar un paso por ejemplo y manifiestas lo contrario, tu lenguaje corporal y verbal se tornan incongruentes.

Recordaras que te he mencionado, que nuestro lenguaje se forma de tres cosas fundamentales: Lo que piensas, lo que dices y lo que actúas. Los tres están alineados y a esto lo llamamos congruencia. Por lo tanto para generar conexiones valiosas e importantes es ingrediente fundamental ser congruente.

El poder de la palabra está intrínsecamente ligado con tus pensamientos y acciones, los cuales determinan las consecuencias, cuando te das permiso de hacer uso de tres segundos en pensar, tus palabras tendrán continuidad con ese pensamiento y tus acciones se verán reflejadas; la suma de todas ellas te llevara invariablemente a una consecuencia y esta es permanente.

¿Lo recuerdas?

Cuando te das cuenta que este sencillo método es replicable en forma infinita puedes incluso identificar tus emociones y lo que produce los valiosos 3 segundos, este método está encaminado en el plano positivo.

En el plano negativo se aparece el MIEDO y es justamente lo contrario a la explicación, también deberás pensar y elegir en tres segundos para vencer la barrera creada llamada MIEDO, son tres segundos muy valiosos e importantes donde requiere de tomar acción ya sea en vencer o claudicar, así de sencillo.

Te das cuenta que en muchas elecciones en nuestra vida se harán presentes estos tres segundos en el poder elegir, en el poder hacer uso de la palabra y que ese poder se manifiesta de una forma clara y bien pensada.

Nuestras palabras cobran fuerza, sentido y poder y en ellas van asociados las acciones, que determinan alcanzar o detener nuestros objetivos.

Recuerda toda meta forzosamente nació en un sueño, este fue plasmado haciendo uso de la palabra y ejecutada cabalmente hasta llegar al fin.

A esto le llamamos CONGRUENCIA.

¡Tiene sentido!

¡Pienso, Hablo, Actuó!

3.- Tus acciones.

Invariablemente cuando hablamos de resultados, estos están asociados a las acciones que hemos llevado a cabo, mismas acciones generan hábitos, los hábitos nos llevan a los resultados pues estos son la suma repetida de acciones.

¿Lo recuerdas? en temas anteriores, usualmente generamos un ciclo completo de los paradigmas, creamos nuestros propios límites en la mente, sin embargo tenemos el poder de ajustar esos paradigmas o agigantarlos con la finalidad de llegar a nuestras metas.

Mucho se dice acerca de las acciones generan resultados o consecuencias, de hecho en eso se fundamenta mucho en nuestras vidas, sin embargo que importante es tomar acción bien pensado, las acciones en forma reactiva tiene sus raíces en nuestro cerebro Reptiliano, ya explicado con anterioridad, ahora bien. Haciendo uso del poder de elegir, también le sumas el poder de 3 segundos.

¿Que obtenemos? Acciones a tomar bien definidas, para realmente conectar con las emociones y llegar al cerebro Reptiliano de las demás personas es importante pensar detenidamente nuestras acciones, nuestras afirmaciones, nuestras palabras haciendo uso consciente de los 3 segundos más poderosos de conexión.

¡Tiene sentido!

Cuando generas una conexión empática con tu interlocutor ya tienes el 50% de avance y puedes ser convincente, que una persona adquiera tus productos o servicios radica en la conexión que generas los primeros 30 segundos pues nuestro cerebro reptil evalúa si eres amigo o enemigo, si debe huir o puede confiar en ti.

¿Cómo se logra dicha conexión? Con el poder de la sonrisa, un saludo firme y voz clara jamás finjas tu naturalidad, eso lo detecta nuestro cerebro, cuando ya logras acceder al cerebro reptil puedes crear una conexión inicial.

El siguiente paso radica en la veracidad de las emociones que proyectarás y estas están asociadas a la idea principal de tu producto o servicio, de otro modo en los siguientes segundos hasta completar el minuto el interlocutor entra en modo de pensamiento analítico.

¿Qué sucede ahí?

Cuando ya lograste el primer paso de confianza en una persona y omites darle seguimiento o continuidad a las emociones de tu producto o servicio, lo perdiste, pues deberás usar nuevos argumentos, es volver a empezar.

Para ser más agudo y asertivo en nuestra propuesta original es importante que practiques, la práctica genera creación, la creación genera un nuevo hábito, el hábito genera nuevas acciones, las acciones te llevarán a los resultados, ¡observas este círculo!

Congruencia al expresar
Genera conexión
¡Tiene sentido!

NEURO EMOCIONA

Mucho se dice ahora para emplear las Neuro ciencias, existe muchos temas asociados a la Programación Neuro Lingüística, todos ellos tienen un propósito en común, acercarte el poder de las palabras bien enfocadas, cada autor te comparte su propia óptica, sus investigaciones específicas, todas ellas son válidas en busca de un bien en común. El poder de las palabras.

Como te explique con anterioridad el poder de las palabras y el uso adecuado se vuelve un factor de éxito y la forma de hacer uso así como la fuerza con que las emites se convierte en un decreto, cuando además sumas a los dos ingredientes palabras generadoras de fuerza y que están fuertemente asociadas con actos motivadores los conocemos con palabras de poder.

En este bloque te compartiré las palabras de poder y la forma de cómo articular una frase poderosa, en pocas palabras nos enfocaremos a construir mediante palabras poderosas frases que te permitan construir nuevos hábitos y mediante acciones controladas, te permita conectar y generar conexiones con tu inter locutor y estas sean de prolongadas y afectivas.

¡Suena bien! ¡Tiene Sentido para ti!

Todas estas palabras y frases empleadas de la forma correcta te darán una ventaja con respecto a personas con una forma diferente de llevar su estilo de venta.

Te darás cuenta que nos estamos adentrando cada vez más en el núcleo de la mente, donde radica toda la magia y el poder creativo bien enfocado.

Hoy existen técnicas enfocadas al Marketing de las cuales encontraremos más adelante, aquí comenzaremos con las Neuro emociones, una definición que sumara al contexto.

Las palabras, las frases bien articuladas generan un estado de ánimo, este será el resultado de una expresión poderosa.

Mi propuesta radica en conectar, usando palabras, frases bien articuladas y pensadas para causar un efecto de cambio, generar una acción poderosa cuyo resultado es Neuro conectar con emociones bien contadas, haciendo uso de las palabras con poder.

¡Suena bien!

Es momento de comenzar a conectar.

Nuestro lenguaje posee sistemas representativos, es la forma de darle vida a nuestras historias y transmitir el mensaje en la forma más pura de la comunicación que ya he explicado en Neuro logia conceptual, los sistemas representativos asocian imágenes, comportamiento y sentimiento, la dominancia de las palabras que usamos nos define qué sistema representativo abarca la fuerza de las palabras que usamos.

Nuestro comportamiento es la suma de experiencias sensoriales internas y externas, nuestro ordenador mega poderoso puede cambiar intempestivamente dicha experiencia, asociado directamente a nuestra química emocional (sinapsis) el enfoque de nuestros sentidos determina las acciones a seguir, por ello te la explico, el poder tener enfocado cada uno de nuestros sentidos suma sensaciones a esas experiencias, lo que nos lleva a representar una imagen.

De la misma forma que elegimos un sistema representativo para nuestro pensamiento consciente, tenemos también un sistema que prefiere nuestra mente para llevar información a nuestros pensamientos y que estos modifiquen la impresión previa. Una memoria completa tendrá todas las visiones, sentimientos, sonidos, sabores y olores de la experiencia original que a su vez sigue imprimiendo sensaciones y experiencias generando una emoción muchas ocasiones momentánea, cuando observas que cada emoción posee su momentum y la duración de esta dependerá la conexión con nuestro interlocutor, tendrás emociones conscientes intencionadas en conectar y generar alto nivel de empatía.

Esta empatía emocional generas una conexión duradera con el interlocutor, del mismo modo que ya observas y eres consciente de esta emoción lo adoptas como un sistema representativo.

Cuando nuestro sistema representativo se asocia en forma constante y consciente crea un sistema director, se vuelve en nuestro sistema preferido, las personas grabamos recuerdos ligados en una emoción representativa y existe una secuencia lógica; es decir como una computadora, nuestro propio programa mental.

La emoción que está considerada como el mejor catalizador de información perdurable es la risa. Ahora recordarás que el poder de una sonrisa reconoce nuestro cerebro reptil, la risa es el mecanismo grabador de nueva información perdurable, con ello se convierte en nuestro sistema director.

Las emociones también poseen un asociado físico en toda comunicación, se trata de nuestra vista, tiene un movimiento propio involuntario y este responde a un sistema rector diferenciador, es decir que se asocia sus movimientos con emociones previas vividas.

Movemos nuestros ojos en direcciones diferentes en forma sistemática dependiendo de cómo estemos pensando o sintiendo en ese momento, a ello le llamaremos acceso ocular emocional.

Nuestras emociones también conectan los movimientos oculares y la dilatación de las pupilas, ejemplo: Cuando te sientes con alegría, tus ojos experimentan movimientos rápidos y dilatación de las pupilas y mayor apertura de los parpados.

Cuando tú te sientes enfadado, tus ojos experimentan movimientos muy enfocados, las pupilas agudas y los parpados casi cerrados, las cejas se contraen y en ceño frontal se contrae.

Cuando experimentas tristeza, tus ojos se mantienen dilatados, las pupilas muy abiertas, los parpados a medio abrir en forma continua y repetida, el ceño frontal dilatado y las glándulas lagrimales saturadas, al borde del llanto.

Cuando experimentas el estado escéptico, tus ojos se mantienen agudos, los movimientos oculares son lentos y en forma   transversa es decir de un lado hacia el otro orientándose al cielo, en nuestra mente está buscando un registro asociado al tema que está recibiendo nuestro oído.

A continuación cito cada movimiento ocular debemos profundizar, pues esta herramienta es fundamental conocerla, existe una frase en latino américa. "La mirada es la llave del Alma"

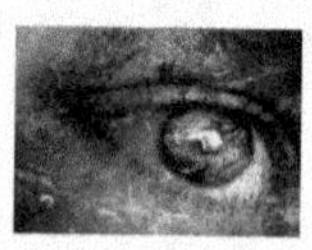

Justamente esta es la llave de accesar a las emociones del interlocutor y a las personas que deseamos generar una conexión, por lo tanto te muestro las más significativas.

Pistas de acceso ocular, son señales visuales que nos dejan ver como accede las personas a la información de su mente; hay una fuerte conexión neurológica entre los movimientos de los ojos y los sistemas representativos internos, porqué los mismos patrones se repiten en todo el mundo, cuando visualizas algo distinto a nuestra experiencia pasada, los ojos se moverán hacia arriba y a la izquierda.

Cuando construimos una imagen a partir de las palabras, algo que desconocemos nuestra mirada cambia de dirección hacia arriba y a la derecha, nuestra mirada se mueve en horizontal a la izquierda para recordar y asociar sonidos y hacia la derecha para recordar y asociar sonidos y construirlos. Cuando accedemos a sensaciones nuestra mirada se mueve hacia abajo y a la derecha. Cuando iniciamos comunicación con nosotros mismos (introspección) nuestra mirada se mueve hacia abajo y a la izquierda, desenfocar nuestra mirada y moverla hacia a delante nos conectamos visualizando algo nuevo o desconocido.

¡Tiene Sentido!

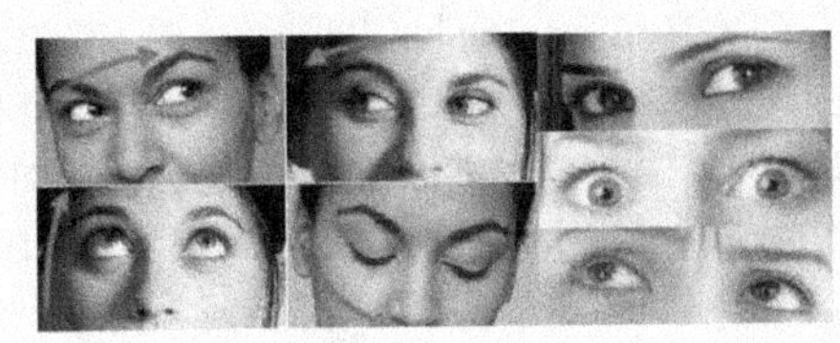

Recordar sonidos, Visualiza, construye imágenes

Nuestras pistas de acceso visual revela la coherencia de nuestra imagen personal, aun cuando se contradiga esté modelo, normalmente desconocemos los movimientos naturales de nuestros ojos y, ¿acaso debería de serlo?, sin embargo acercar estas herramientas se convierten en algo muy útil para conectar rápidamente con tu interlocutor o personas a tu alrededor.

Las conexiones las generas manteniendo siempre contacto visual con tu interlocutor y con las personas a tu alrededor, nuestro cerebro interpreta que eres un amigo o depredador y si a esto le sumas el poder de la sonrisa tienes el 50% de la conexión.

Identificando señales de INCONGRUENCIA.

Te compartí los 3 segundos poderosos antes de elegir, la otra cara de la moneda es exceder esos 3 segundos pues nuestro cuerpo conectará invariablemente con el pensamiento y en ese momento preciso cuando comienza adoptar las posturas ligadas a ese pensamiento excedido, por lo tanto, deberás ser cuidadoso en tu pensar, tu hablar y tu actuar.

Recordarás que el lenguaje corporal abarca la mayor extensión en una comunicación, las sensaciones que generamos, los pensamientos que excedemos en fracciones de segundos nuestro cuerpo se conecta y de inmediato adopta la posición respectiva, si te conviertes en un agudo observador, notarás en tus propios movimientos oculares y corporales como nuestro cuerpo adopta de inmediato el pensamiento o sentimiento asociado, ejemplo:

Quieres conectar con tu interlocutor buscando el contacto visual en todo momento sin emitir una sonrisa y tu cuerpo se manifiesta cerrado, con brazos cruzados y la textura de tu voz alta con fuerza al expresarte; tu interlocutor interpretara incongruencia en tu mensaje de forma inmediata, pues las señales de tu cuerpo, brazos cruzados y voz alta carecen de confianza, al contrario y jamás logras una conexión de sus sentidos y mucho menos de sus emociones.

Por el contrario si iniciamos una conexión con un saludo amable, esbozamos una sonrisa natural y nuestro cuerpo se mantiene abierto, los brazos a los laterales o la derecha saludando de mano, tu tono de voz suave y a la vez firme en tu saludo, tu interlocutor detectara de inmediato que eres una persona confiable, que puede compartir algo de valor que le llame la atención, que se trata de un amigo, nunca de un depredador.

¡Tiene sentido!

Y todo esté análisis de incongruencia lo lleva acabo nuestro interlocutor de forma intuitiva en menos de 10 segundos, así de rápido, así de simple.

Si eliges ser más agudo en analizar tu lenguaje verbal y corporal antes de generar conexiones te evitaras muchos errores, recuerda que las conexiones con personas son perdurables y estas dependen en gran medida de como las hiciste sentir.

Generar una sintonía inicial es la clave para conectar con personas, ofrecer valor y solucionar una necesidad creada es el propósito de este libro.

Te muestro la forma de transferir recursos emocionales positivos desde experiencias del pasado a situaciones del presente, a esto le llamaremos re encuadre, la definición es adaptativa a cada persona, pues haremos uso de estos recursos emocionales para crear un anclaje.

ANCLAJE.

Los estados emocionales tienen una influencia muy poderosa y fuertemente ligado en el pensamiento y nuestro comportamiento, sobre todo en nuestro lenguaje corporal, un

ejemplo claro de ello son los actores de cualquier género, teatral, cine, televisión.

Previo a su actuación reciben el libreto con la información a transferir, identifican las emociones a interpretar y modelan la textura de la voz, articulan movimientos asociados a la transferencia, suman el contenido y lo modelan.

En unas líneas sintetice el proceso de anclaje, como podrás notar para generar conexiones duraderas, el actuar y sobre actuar jamás te lleva al éxito, debido a que nuestro interlocutor percibirá la incongruencia.

El propósito es que tú puedas encontrar esos recursos emocionales que yacen en ti, que generaron en ti sensaciones de alegría, euforia positiva y emociones que puedes transferir, estas emociones permanecen en tu mente, generaron una experiencia positiva y ahora las puedes traer al presente pues están ancladas a tus experiencias pasadas.

A esto le llamaremos anclaje positivo.

El estado de euforia momentánea quedo anclada en forma permanente en tu mente, debido a la fuerte química neural, esto facilita el traer ese recuerdo de tu experiencia, con esta emoción en tu mente notarás como tu cuerpo modela de inmediato tal experiencia. De este modo facilitas la transferencia de información nueva a tu interlocutor, generando una conexión inmediata.

Traer tu historia, conectarla con la emoción y transferir valor ahora es parte de esta nueva conexión.

Notarás que si existen tales recuerdos, incluso hay una historia real asociada a este momento en tu vida, justo es lo que deseamos, transferir emociones y contar la historia real haciendo uso de tus emociones pasadas. Este estimulo que está asociado fuertemente a una emoción y atrae un estado psicológico le llamamos Ancla.

¡Tiene sentido!

Muchas vivencias emocionales positivas pueden estar asociadas incluso con fotografías favoritas, olores, sabores y alguna expresión vocal con una textura que conecta dicha experiencia, de las cuales poseemos muchas en nuestra infancia, adolescencia e incluso recientemente.

Se vuelve importante conectar nuestro cerebro en nuestras propias historias ligadas a emociones positivas, estas te facilitarán el camino para generar una conexión exitosa.

Tus anclas positivas dan acceso a un estado emocional y muchas veces son tan obvias que apenas las reconocemos, ahora que puedes observarlas y traerlas al presente, aquí y ahora te permite conectar con una historia real, la conexión se vuelve más fácil.

¿Qué emociones te trae estas vivencias, sean tuyas o no?

Siendo historias reales, puedes transferir fácilmente la emocionalidad respectiva, incluso son emociones contagiosas, observa bien cada imagen, lleva impreso estados de ánimo y emociones congruentes en los momentos los cuales se viven.

APRENDER A MODELAR.

Las experiencias almacenadas en nuestra mente juegan un papel importante al momento de un encuadre emocional, por el hecho de ser reales y se imprimieron con altas mezclas químicas de nuestro cerebro, por ello son fáciles de recordar.

El modelar una emoción es la forma de recrear una experiencia pasada, sumar una historia verdadera, agregar emociones, amalgamar con una textura de voz apropiada para este momento y llevarlo a la realidad, eso es Neuro emocionar.

Observa las imágenes, notaras la vivencia pasada fuertemente anclada, donde ahora el objetivo es llevar a esa misma emocionalidad a un grupo de personas como la imagen final muestra, para ello la idea principal conecta la emoción de la infancia, ajusta la historia al tiempo real, la comunica usándola textura de voz y conecta con su interlocutor y lo replica a varias personas llevándolas a repetir ese estado emocional de la infancia. Modelar la emoción genera una conexión duradera en el grupo de personas en la imagen.

Servicio

Mucho se dice acerca del Servicio,
Existe una frase que asocia
Por completo en esté paso.

"Aquel que vive para servir, sirve para vivir"

Durante muchas décadas atrás e incluso antes del desarrollo tecnológico y que el internet se ha convertido en una herramienta indispensable en el crecimiento de las sociedades humanas organizadas, siempre ha existido, existe y existirá un valor que ha trascendido las barreras del tiempo, se llama SERVICIO.

SERVICIO

📁 Con Propósito

✏️ Con Calidad

Como estilo de vida

Hoy se conoce a la era de la información, como la era de la revolución del pensamiento y del servicio, pues este se ha convertido en un commodity del cual es muy vendible, muchas personas se han convertido en

Si hoy en día tus resultados en tus bolsillos dejan mucho que cuestionar, es momento propicio de hacerte la pregunta a ti mismo.

"¿Qué requiero corregir para ser mejor persona y dar mi mejor servicio?

Revisa tu pasado, revisa tu presente y conecta tu realidad como punto de referencia para hacer que las cosas sucedan y que estas sean mejor en cada acto y en cada momento.

Te puedo asegurar que al comenzar a generar cambios importantes en tu vida y en estos tres ejemplos, notaras que es más fácil conectar con las personas y deberás comenzar con las personas que amas pues ellas serán tu mejor termómetro de que estás haciendo las cosas mucho mejor.

¡Tiene sentido!

"¿Cómo es tu relación con tus fianzas?"

¿Acaso tiene que ver con el servicio? Por supuesto que sí, mucho de verdad pues cuando dejas de comprometerte con el servicio a tus clientes, dejas de recibir ingresos, en caso de tener negocio o empresa, en el caso de ser empleado te puedo asegurar que muy pronto la fuente de actividad dejara de prescindir de tus mano de obra, pues tiene problemas en desplazar los productos o servicios, por ende los ingresos caen y las nóminas se ven afectadas severamente.

Te das cuenta del valor del "Servicio" cuando dejamos de servir por un cambio de nuestra actitud, nuestras finanzas se ven afectadas, dejas de percibir ingresos y la cadena en la distribución de la riqueza se ve comprometida o de plano fracturado y esto nos lleva a la siguiente pregunta.

"¿Qué estoy dispuesto a hacer para ofrecerle un mejor servicio a mi cliente?"

Te darás cuenta que todas las herramientas con anterioridad expuestas.

¿Cuál es el propósito de compartirlas contigo? Que puedas usarlas adecuadamente y generes cambios importantes en tu vida y la forma de cómo lograr resultados perdurables mediante conexiones con personas y que jamás sean números u objetos que te arrojen dividendos.

¡Tiene sentido!

Genera Conexiones perdurables.

SERVICIO CON CALIDAD

Recordaras que el propósito de una empresa o un negocio es crear clientes y mantener clientes, si logras el verdadero propósito de crear y mantener clientes tendrás ganancias significativas y esto nos debe quedar claro, que el crecimiento se da si mantienes el verdadero propósito dentro del enfoque y que este sea tu motor.

Repito una vez más.

"El verdadero propósito de una empresa es crear y mantener Clientes"

Y afirmarás yo estoy por tener empresa, ya comencé un negocio, en caso de así serlo.

La respuesta es muy simple, como independiente o como profesional fuera de una nómina jamás te exime de ser parte de la cadena productiva en una nación, por lo tanto tu empresa personal se convierte en el momento que logras cubrir una necesidad y esta radica en todas direcciones, ya te expuse cuatro ejemplos claros de donde está el servicio, ahora es momento de adaptar dichos ejemplos a nuestra vida, llevarlo a nuestra realidad.

En el caso de estar dentro de una nómina o ser empleado, tampoco tiene nada de malo sin embargo compromete más tus actividades dentro de la cadena de producción en una empresa, pues además de recibir un sueldo o una nómina en cual quiera de sus modalidades, es tu actitud la que asegura tu continuidad dentro de la empresa y esa actitud se ve reflejada en el servicio, el trato y la atención que le brindas a los clientes actuales y nuevos también.

Quizá te preguntes. ¿Yo ni contacto tengo con clientes? Y la respuesta es. Por supuesto que tienes contacto con clientes y esos están dentro de la organización, le llamamos Cliente interno.

Dentro de la cadena productiva en una empresa, existen diferentes áreas dependiendo en tamaño de la organización, sin embargo en algún lugar de la cadena productiva tú ejerces tus funciones y estas están ligadas en los procesos del producto o servicio que venden.

Entonces te queda claro que ocupas un lugar y que invariablemente tienes contacto con distintas áreas y personas dentro de la organización, ellos precisamente son nuestros Clientes internos y de nuestra actitud de servicio depende un mejor desempeño y continuidad de los procesos.

Ejemplo: te encuentras dentro de la administración de la organización, digamos recepción de mercancías y dentro de tus funciones es validar que lleguen completas y bien cerradas, que se encuentre bajo las normas y que los productos estén acorde a los requerimientos.

Ahí vamos bien, la actitud carente de servicio comienza cuando recibes la mercancía y la persona que te entrega la documentación respectiva te da un saludo de los ¡Buenos días! Y tu respuesta es; ¿Qué tienen de buenos?

De entrada refleja una actitud pésima que rompe la armonía del lugar y la respuesta puede desencadenar más actitudes negativas, en el supuesto que sí, quien te entrega la documentación e incluso la mercancía cambia su actitud con respecto a ti, se mantiene en una posición cerrada y alejada de una conexión, solo va a entregar mercancías en el mejor de los casos.

Tu recibes las mercancías si revisar completamente el contenido de las cajas en cuestión, solamente guiándote por las cantidades expresadas en la documentación respectiva que te hacen entrega; una vez ingresadas las mercancías comienza el proceso interno en la cadena de servicio, tienes que sellar y validar que todo se encuentre bien, transfieres dicha documentación a la siguiente persona que se encarga de procesar la información, ingresar en inventario, etc.

Y esta persona te hace la misma expresión de cortesía y amabilidad dándote un saludo de ¡Buenos días! Y la respuesta es......... así es justo esa misma que pensaste.

Por ende se sigue el mismo patrón que el anterior, sin embargo aquí hay un detalle que vale la pena citar para que notes que va a suceder al final del proceso, las mercancías llegaron incompletas, hay un faltante de tres piezas.

Te darás cuenta que la ausencia de servicio y una actitud negativa crea una bola de nieve de los cuales mucho de esos ejemplos encontramos día a día, bien retomemos esta historia ejemplo.

La segunda persona que recibe los documentos da por hecho que pese a tu mala actitud y tu falta de servicio las mercancías fueron ingresadas correctamente, por ende se contagia momentáneamente de esa misma actitud, ingresa tal información y le da continuidad al proceso interno administrativo, a la tercer persona, esta recibirá los documentos, valida y confirma a la siguiente área la disponibilidad de las mercancías, en este caso elegimos al heroico cuerpo de ventas de la organización.

Los vendedores reciben la información que hay disponibilidad y existencia de dichas mercancías, ellos a su vez dan por hecho que realmente las cifras en disponibilidad son correctas, según su sistema de gestión, la realidad es que la parte física desconoce la secuencia, así continua todo el proceso en la cadena productiva de la organización y es con nuevo cliente donde colocan todas las mercancías que recién se ingresaron, la condición de venta la pone el cliente que el pago será contra entrega en su totalidad o la devolución de las mercancías si llegan incompletas, riesgo alto, sin embargo se confían y deciden seguir, hasta ahí todo se ve con normalidad y, notaras que en todos los procesos internos existió una falla en el servicio desde el inicio, para ello requiero que tu revises la historia.

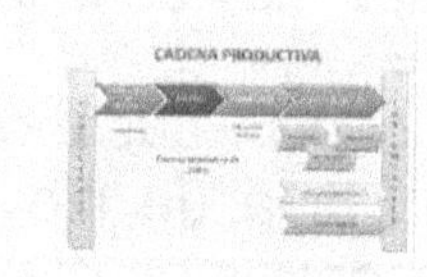

Asocia este ejemplo con la historia de arriba.

Cuando finalmente todas las personas involucradas en la gestión y manejo de dichas mercancías dan el visto bueno de salida del lugar, una persona asignada por el cliente tiene la precaución de revisar todas y cada una de las cajas referidas en los documentos de cobro y esta persona detecta que faltan las tres piezas que se omitió desde el comienzo. Esta persona detiene el proceso de subir las mercancías al transporte hasta aclarar el porqué de los faltantes en esas cajas.

Dicho movimiento genera una cadena de reclamos y más reclamos que logran escalar la cadena de administración y llegan a manos del director general de la organización y esta persona se da la tarea de solucionar lo más rápido este contratiempo en la entrega condicionada, pues notorio es que se trata de una venta importante y de mucho riesgo pues el cliente puso las condiciones comerciales.

Tras una exhaustiva investigación de las omisiones en todos los procesos internos, apunta al inicio, la recepción de mercancías y la persona responsable de este acto, justo lo que piensas eres tu quien recibió dichas mercancías y gracias a una mala actitud y a la falta de servicio, diste por hecho que todo llego bien y contaminaste el proceso siguiente.

Como resultado de todo este retraso el Cliente cancela dicha compra pues sus mercancías nunca llegaron en el tiempo pactado y en las condiciones impuestas, finalmente buscan a un responsable por cuantiosa perdida de una venta mal lograda.

El director de la organización te hace responsable de ese error fatal, de un proceso que quizá tú lo veías como normal y que tu tenías un mal día.

Quiero que observes como un detalle tan significativo que es el Servicio pone en riesgo a una organización, de ningún modo significa que un solo cliente determine el cierre de la empresa sin embargo si un cliente externo como interno carece de satisfacción genera una mecha de explosión e invariablemente siempre regresa al punto donde se generó.

De los cuales recibes una fuerte sanción por insignificante descuido y mala actitud en repercusión de la organización donde laboras. ¡Nada agradable!

Como una serie de eventos fueron sumando detalles y más detalles a esta historia de la cual tú eres el protagonista, quiero que observes también de, el cómo te integraste a la historia y te puedo asegurar que ya tenías la solución.

Te das cuenta como una historia puede conectar con personas, te das cuenta que sin conocernos tu yo ya estabas dentro de esta historia que quizá la podamos encontrar en cualquier parte de nuestro entorno.

Te das cuenta que una historia bien contada conecta con las personas, ¿Cómo te sentiste?

Lograste percibir la falta de servicio en esta historia, la ausencia de calidad en el proceso y las actitudes adoptadas al inicio de la misma.

¿Cuántas veces vemos a diario estas mismas actitudes?

¿Qué estás dispuesto a corregir desde hoy para ser una mejor persona?

¿Cómo vas a medir tu resultado de cada acción en mejora?

¿Cómo te relacionas con la calidad de servicio con tu familia?

Muchas preguntas, ¡Verdad!

Lo que quiero compartir contigo es esa conexión con tu entorno y en cada una de tus actos, comenzando con tu persona, con tu familia, con tus propias inquietudes y pensamientos, con tus ideas, con tus referencias, con tus creencias, con tus acciones, con tus hábitos y finalmente con tus resultados.

Pues la suma de cada uno de esos temas genera una conexión perdurable y lo mejor es que lo puedes replicar y repetir cuantas veces lo quieras hacer.

El servicio siempre se hará presente en cada acto, por mínimo que sea si eliges cambiar la perspectiva y la lente con la que observas tu entorno te darás cuenta que muchas cosas puedes mejorar con tan solo servir y servir con calidad, servir en excelencia.

Generar conexiones se dice fácil y realmente lo es, te das cuenta que los temas antes citados y la historia donde tú eres la estrella principal cobra sentido.

El propósito de este libro es aportar herramientas que te permitan crear clientes perdurables mediante conexiones inteligentes.

¡Tiene sentido!

GENERANDO RELACIONES PERDURABLES

Cuando te das cuenta que servir con calidad, servir en tu entorno, mejorar tu persona, tu familia muchas cosas comienzan a cambiar, la más significativa ¡Tus finanzas!

Cuando eres receptivo a aprender y mejorar tus relaciones, creas vínculos perdurables, iniciando contigo mismo, cuando eliges hacerte cargo de tu salud, tu imagen, tu persona desde adentro hacia afuera notaras como empiezas a impactar a los seres que amas, te ocupas por servir y servir con calidad, las personas con las cuales te relacionas ya sea en tu centro de actividad o centro de conocimiento, el servir en todos tus actos de un modo consciente y bien pensado siempre tendrá resultados positivos.

Cabe señalar que los resultados jamás son instantáneos, requiere acciones repetidas con sentido y propósito positivo, cuando generas un cambio esté se refleja poco a poco, te darás cuenta como las personas con las cuales generas conexiones ahora comenzarán a buscarte y solicitarte más productos o servicios, si te comprometes con el cliente te darás cuenta como a tu vida comienzan a llegar clientes de verdadero valor, pues ellos jamás dudarán en pagar tus productos o servicios.

Te darás cuenta como también los clientes problema comienzan alejarse poco a poco pues les abruma que los atiendas con calidad y mucho menos productos en el mismo orden, es un efecto magnético.

¡Tiene sentido! ¿Cómo te sientes ahora?

Hay una nueva posibilidad en tu vida, ¿Verdad?

Te darás cuenta que con nuevas acciones orientadas al servicio de calidad tus clientes y tu entorno comienza a ser más cordial, más afectivo y creas **confianza**.

¿Qué es la confianza? En temas anteriores te explique cómo generar rapport y crear confianza en tu interlocutor, esa misma emoción crea un espacio donde elegirte a ti genera una ventaja competitiva en relación al mercado y es aquí donde la CONFIANZA cobra un mayor sentido.

Generar una relación perdurable con personas siempre está ligado a la confianza que te tiene esta persona o grupo de personas a tu alrededor, por lo tanto una relación perdurable se asocia con servicio

Servicio en su más pura expresión, requiere de muchos ingredientes.

- Ser claro con nuestro cliente

- Ser atento y amable en el trato a nuestro cliente

- Hablar siempre con la verdad, jamás le ocultes u omitas detalles que destruyan la relación.

- Cuenta historias reales e involucra al cliente, hazlo sentir el protagonista de la solución

- Establece el precio justo de tus productos o servicios, jamás quieras verle la cara al cliente dando un servicio o producto de pésima calidad a cambio de un precio elevado

- Que el valor sea directamente proporcional a la calidad del servicio, más costo más servicio, un cliente satisfecho por supuesto que si te paga.

- Comprométete claramente con el cliente, establece alcances y delimita responsabilidades

- Claridad al inicio, durante el proceso de adquisición y servicio en cada fase hasta repetir el proceso, es ahí donde tienes un cliente.

- Genera confianza y sé responsable en una relación con clientes.

- Hazte cargo de los errores y asume con humildad tu responsabilidad si lo hubiere.

- Cumple los tiempos pactados, un cliente satisfecho comienza con la puntualidad, aun que el cliente no lo sea, tu haz la diferencia, el cliente lo nota tarde o temprano.

- Cumple tu palabra en todo momento, es la mejor relación que generas contigo mismo(a)

- Gestiona adecuadamente el tiempo, es la mejor forma de dar servicio y con calidad

- Valida en todo el proceso de negocio la fase donde se encuentra el producto o servicio, el cliente notará que realmente le importas.

- Genera comunicación constante con cada cliente externo e interno siendo específico en la charla, sé cortes y amable en el trato.

- Da lo mejor de ti, pues tú recibirás lo mejor del cliente, que te elija constantemente por la calidad en el servicio.

EL VALOR DE DAR VALOR

Hoy en día en mercado y las ofertas son más competitivas así como los clientes fácilmente se confunden con tanta oferta y malas prácticas de mercadear.

La única forma que posees para llegar a tu meta, es ser muy terco y muy leal a tus valores, debes de saberlo, las condiciones en un mercado global competido donde la oferta es mayor que la demanda, jamás funcionará bajar tus precios para ganarle al de enfrente, pues muy seguro terminarás en la banca rota, pues son hay emprendedor ni empresario que logre resistir los embates del mercado y si este se vuelve volátil.

El objetivo es que tengas claro que tus productos y servicios con calidad deberás venderlos al precio justo sin importar que la competencia si los regala, jamás regalaran la satisfacción eso es un hecho, por lo cual tú debes ofrecer y mantener ventajas competitivas sobre productos similares y esto se llama VALOR, se llama Servicio con Calidad.

Te preguntaras. ¿Por qué he de dar valor? ¡Mi competencia me copiará!

Lamento decirte que con esa afirmación negativa que tú estás decretando y que tu negocio o empresa se vaya a la quiebra, pues desde este momento tu mentalidad te ha creado una barrera de crecimiento, tu vocecita te está jugando una mala pasada y eres tu quien elige callarla o darle paso a la derrota financiera, dándole importancia a una respuesta poco convincente en tu mentalidad.

Dar valor a un cliente o a muchos clientes se asocia directamente a facilitarles el camino en elegir, que tu calidad en el servicio sea un factor determinante en el momento de evaluar el por qué deberían adquirir tus productos o servicios.

Un ejemplo: Poner en claro a los clientes o a un cliente los beneficios que obtienen y los servicios con los que cuentas, la garantía aplastante donde le rembolsas el 100% de su dinero sí o sí la satisfacción es nula, ninguna empresa con escasos valores y alta volatilidad puede ofrecer.

Mercadear en forma ética y cabal en la industria donde te encuentres son factores de conexión perdurable, pues cuando generas confianza con un nuevo cliente y este repite la compra por completa satisfacción, comienzas a generar a un amigo y este siempre va a recomendar tus productos o servicios en cuales quiera las modalidades.

Te darás cuenta que el servicio con calidad se hace tu mejor aliado y a ello le sumas valor, sin lugar a dudas puedes arrasar a tus competidores generando conexiones que a la larga representa utilidades medibles y palpables de tus resultados éticos y bien provistos.

Dar valor nunca será un eslogan, se convierte en tu estilo de vida, donde la conexión por servicio y valor crea y mantiene clientes constantes. Dar valor es mantener en sintonía de conexión con nuevos clientes por la fórmula de recomendación por servicio eficiente y de calidad.

Generar conexiones masivas se convierte en el siguiente paso, para llegar a ello el practicar constantemente, midiendo tus resultados en cuantas personas realmente conectas con un servicio de calidad y en excelencia y dando valor a cada necesidad, son herramientas poderosas para multiplicar tus ingresos, es importante señalar que tus resultados serán en función de los cambios que realices, cada paso representa un escalón y para subir la montaña debes saber que hay cientos de peldaños en el camino.

Jamás claudiques, pues el camino de generar conexiones perdurables nunca es de sellos en serie, pues se trata de personas, de emociones, de contar historias que conectan, nunca de timbres postales. Eso debe quedar muy claro. ¡Tiene sentido!

DESCUBRE Y CONECTA CON TU CLIENTE

En esta parte del libro te compartiré una herramienta más para generar una conexión perdurable con tu interlocutor o muchas personas a la vez.

Esta herramienta se asocia con una serie de preguntas y las respuestas las deberás plasmar en una hoja de papel, dichas preguntas te guían para generar conexiones más precisas con nuevos clientes. A esta herramienta la denominaremos SEGMENTACIÓN.

Para ello el siguiente boque te dará una guía que te permitirá tener un enfoque en donde comenzar a SEGMENTAR.

"Quién es mi nuevo Cliente"

Demografía del Cliente.

¿Qué edad tiene mi cliente objetivo?

¿Qué género es mi nuevo Cliente?

¿Qué estado Civil tiene mi nuevo Cliente?

¿Cuántos hijos tiene mi nuevo Cliente?

¿Qué edad tiene los hijos de mi nuevo Cliente?

¿Qué educación tiene los hijos de mi nuevo Cliente?

¿Cuál es el país de origen de mi nuevo Cliente?

¿Cuál es la ciudad de origen de mi nuevo Cliente?

"Qué hace mi nuevo Cliente"

¿Qué hace mi nuevo Cliente?

¿En qué Industria está mi nuevo Cliente?

¿Qué gustos tiene mi nuevo Cliente?

¿Qué hobbies tiene mi nuevo Cliente?

¿Qué actividades deportivas practica mi nuevo Cliente?

¿Cómo se entretiene mi nuevo Cliente?

"Cómo se comporta mi nuevo Cliente"

¿Cómo es el comportamiento de mi nuevo Cliente?

Fuentes de información: Revistas
Redes Sociales
Libros
Sitios Web / Blogs
Mentorias
Cursos Presenciales

Finanzas personales de mi nuevo Cliente

¿Cómo gasta mi nuevo Cliente?

¿Qué tan frecuente viaja mi nuevo Cliente?

¿Cómo es su estilo de compra de mi nuevo Cliente?

¿Cómo administra sus ingresos mi nuevo Cliente?

"El porqué de mi nuevo Cliente"

¿Qué creencias posee mi nuevo Cliente?

¿Qué filosofía practica mi nuevo Cliente?

¿Por qué hace lo que hace mi nuevo Cliente?

"Dolor / deseo de mi nuevo Cliente"

¿Qué le duele a mi nuevo Cliente?

¿Qué le perturba el sueño a mi nuevo Cliente?

¿Qué es urgente para mi nuevo Cliente?

¿Qué desea mi nuevo Cliente?

¿Cuáles son sus logros de mi nuevo Cliente?

"CREA El perfil de mi nuevo Cliente"

Nombre: Bautiza a tu nuevo Cliente

Edad:

Estado Civil:

Profesión:

Hijos:

Edad de los Hijos:

Ciudad donde Viven:

Nacionalidad:

Gustos:

Donde busca información:

Cuáles son sus creencias Religiosas:

Cuál es su principal dolor o deseo:

EVANGELIZAR

Tal parece que ahora nos cambiamos de historia, sin embargo es un término que se le denomina al proceso de fidelización de un cliente, sin acercarme a susceptibilidades o creencias religiosas, el termino evangelizar fue empleado hace más de 500 años en la llegada de los españoles al continente americano, solo quiero citar la referencia histórica, las formas y los cómo se llevó a cabo dicha evangelización en las sociedades de esa época nunca estarán presentes en estos párrafos, es importante aclararlo.

¡Al grano!, para nuestra conexión perdurable la mejor muestra que estás haciendo cambios significativos en la forma de crear conexiones, en la forma de dar lo mejor de ti, en la forma de ofrecer servicio con calidad, en la forma de atender amable y respetuosamente a nuestro cliente y que mejor a los nuevos Clientes.

Evangelizar es un proceso, nunca es de la noche a la mañana, crear una conexión perdurable con nuestros clientes conlleva a un nuevo termino, requiere invertir tiempo, esfuerzo, atención, servicio y sobre todo ser paciente, evangelizar a tus clientes es un proceso bien cuidado y muy constante, pues todos los elementos antes descritos los aplicas en cada acto, al final del tendrás resultados medibles, perdurables y que se repiten, es el sueño de toda persona que genera ingresos es cualquier modalidad.

Del mismo modo es importante que sepas manejar las matemáticas, requieres de plasmar en papel tus avances en materia de conexiones exitosas y cierre comercial, esta práctica se verá reflejada con la relación que mantienes con tus finanzas.

En este punto quiero compartir una nota que para mí hace clic. Jim Rhon en una de sus charlas en talleres presenciales cita como la naturaleza de los números y las proporciones en toda actividad humana existe proporciones acorde las acciones, llamada "ley de promedios", yo le llamo conversiones. Es de suma importancia saber que en toda conexión masiva existe un porcentaje de pérdida o proporción.

Como un paréntesis en el siguiente capítulo te compartiré de como afinar hacia a donde apuntar y enfocar, como mercadear en forma ética y en forma responsable, tomarás consciencia que generar conexiones perdurables requiere de consciencia ética y jamás de hambre por pisotear a costa de los demás pues muy seguro terminaras en el fango; regreso a la nota de Jim Rhon.

La parábola del sembrador.

El campesino sale al campo a sembrar la tierra y trabajar duro con la mejor semilla de la cual se sentía orgulloso, el campesino comienza a sembrar la semilla y una parte cae a los lados del camino y los pájaros se la comen, ahora entiende la historia. Es importante que como Líder practiques lo inevitable, es muy importante conocer y saber lo inevitable, los líderes deben entender a los pájaros, ¿por qué? ¡Los pájaros se van a llevar parte de la semilla!

Esto se llama lo inevitable, si evitas aprender la inevitabilidad tú te enfadaras por falta de tener tus sueños inmediatamente, deberás aprender el arte de la paciencia y la perseverancia.

Debes estar preparado para lo que llamamos eventualidades, ¡Lo inevitable! Esta es la historia típica de la vida, los pájaros van a comerse algunas de las semillas.

Quizá estas colaborando para alguna organización o empresa, mejor aún estas trabajando duro para tu propio negocio, si estas generando conexiones nuevas, lo que yo le llamo crear conversiones de calidad y clientes de calidad. Convocas a muchas personas y les invitas a conocer o colaborar con tu organización, de los cuales el 1% responde a ese llamado, recordaras que son las proporciones invariablemente el 1% de una oferta tiene un impacto con 1 persona de cada 10, es la fórmula de las proporciones y los promedios.

Y te preguntarás como hacer llegar 10 personas nuevas y generar nuevas conexiones perdurables, es una simple fórmula matemática si observas la ley de los promedios, para generar 10 nuevas conexiones perdurables deberás conectar con 100 personas, es lo inevitable, explica Jim Rhon.

Y entonces piensa, voy arreglar el problema, voy a perseguir a los pájaros y terminar de raíz este asunto de los pájaros, sin embargo perseguir a los pájaros nunca resuelve el problema, abandonas el campo de cultivo y eso te hace perder tiempo, es importante saber a qué dedicarle tiempo y a que cosas evitar, yo le llamo enfocar para generar calidad.

La ley de los promedios nos pone de manifiesto que "lo inevitable" que semillas se perderán en el camino y serán los pájaros quienes aprovechen esa oportunidad, que te quiero decir con esta historia.

Deberás aprender que existe en las personas un modelo de selección y comparación que las hace ser diferentes, ni todas las semillas o productos son los mejores y ambos están sujetos a la ley de los promedios, que solo 1% de cada 10 será una conexión perdurable, será el evangelizador de tus productos y servicios, solo 1% de cada diez recomendará tus productos, solo el 1% conectará lealmente con la solución y la calidad que le ofreces, recuerda que esto es replicable, este 1% que evangelizara tus productos y tus servicios es quien genera nueva semilla de calidad, nuevas oportunidades de crecimiento y nuevas posibilidades de ampliar lo que adquiere, pues ya tienes un voto de confianza de este nuevo cliente.

¡Tiene sentido!

La historia continua.

El campesino sigue sembrando pues sabe claramente que una parte de la semilla se perderá y se la llevarán los pájaros, en toda conexión perdurable la mentalidad juega un papel preponderante para el éxito y los resultados.

El campesino continúa sembrando y esta vez cae semilla en suelo rocoso y el campesino sabio ignoró a los pájaros y continúo sembrando, ¿por qué? Él entendió la ley de los promedios, aun lo inevitable o la materia de la vida misma que está presente en todas partes, incluso en nuestras familias.

Esto es tan importante aprenderlo y como Líder saber que eres sujeto a la ley de las proporciones y a lo inevitable, pues para ganar siempre, debes mentalizar que "hay lo inevitable y la ley de las proporciones".

Las semillas en suelo rocoso logran brotar sin embargo nunca crecer, esto es inevitable. Pues carece de la fuerza y la tierra suficiente para expandir sus raíces, una vez más la ley de las proporciones se hace presente.

Como Líder deberás disciplinar tu decepción, esto es parte del reto de la vida. Disciplinar la decepción nos hace comprender la ley de los promedios.

El campesino sabio siguió sembrando y llego al suelo fértil, él está también entrenado en la ley de los promedios, esta vez la semilla comienza a crecer fuerte, acercándose a la ley de los promedios.

El campesino continuo sembrando y llego a terreno espinoso, la semilla comenzó a crecer y las espinas terminaron por asfixiar la planta, a esto le llamamos lo inevitable. A las espinas en esta historia les llamaremos las "inquietudes de la vida".

Cuantas excusas emplean las personas para detener sus sueños llamadas también "inquietudes de la vida" "lo inevitable"

Como Líder deberás tomar en cuenta el estudiar lo obvio para evitar desperdiciar tus semillas y tu tiempo valioso, dejando de lado las cosas más hermosas de la vida.

Detectar a tiempo y evitar desperdiciar tus mejores semillas equivale a ser muy agudo hacia donde apuntas tus nuevas conexiones y prepararte para lo inevitable. En esta historia Jim Rhon me compartió la parábola del sembrador con un enfoque de Liderazgo para prepararnos a lo inevitable y tomar en cuenta la ley de las proporciones.

¡Tiene sentido!

COMO CREAR UN AVATAR

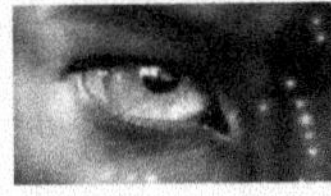

Ahora que tienes más información al respecto que las historias que hasta hoy te he presentado se presenta una oportunidad diferente entre clientes comunes y conexiones Avatar

Una conexión Avatar lleva un proceso de fidelización bien enfocada, los procesos de mercadeo se distinguen por ser masivos y en algunos casos efectivos si estos poseen un mercadeo ético y bien estructurado.

Un mercadeo deficiente y nada ético jamás podrá tener los resultados de un Avatar

Las conexiones perdurables entre clientes y solucionadores éticos dan como resultado un Avatar, es un modelo, se convierte en la suma de todos los talentos, cualidades, habilidades, actitudes y aptitudes que hasta ahora se suman a tu propio estilo de generar conexiones éticas y sobre todo perdurables, les llamaremos "Avatar".

Te preguntarás, ¿Por qué Avatar?

Es un símbolo más adelante te describo el por qué, lo que aquí quiero compartir contigo es la analogía que podemos darle a una conexión perdurable.

Todo en la vida es posible siempre y cuando tengas la actitud requerida.

1. Tú eres una excelente persona.

2. Tú tienes la capacidad de aprender nuevas cosas y el éxito requiere preparación

3. Sin importar de dónde vengas sí importa hacia dónde vas y como llegarás.

Notaras que nos acercamos cada vez más a los secretos de lo que yo le llamo AVATAR

Como ser espiritual en una experiencia humana posees raíces mentales y espirituales, información que se imprime día con día en tu memoria y que es útil en casos específicos, haremos uso de esas herramientas de los cuales citare.

- Cambios constantes pueden potenciar tu éxito.

- Mientras más aprendas e inviertas en ti más conocimiento tendrás y esto se puede monetizar.

- Para ser exitoso se aprende y eso requiere reprogramar tu mente en forma constante

Cada persona tiene el potencial para lograr sus metas y sueños, requiere de ciertos ingredientes para ello. Te compartiré 7 de los cuales mí también me los enseñaron.

1. Paz Mental. Tener el control de la vocecita, libre de emociones negativas, tener control sobre el MIEDO

2. Salud y Energía. La mejor forma de mantener mentalidad en desarrollo

3. Conexiones perdurables y amorosas. El 85% del éxito que construyas en la vida son las conexiones perdurables.

4. Tu libertad financiera. Sin preocupaciones por el Dinero, La Ley del Oro.

5. Tus metas valiosas e ideales. Te darán sentido y significado con propósito.

6. Conocimiento y mejora continúa. La mejor inversión de tu vida y para la vida.

7. Realización y actualización personal. La suma de tus talentos y esfuerzos atrae él éxito.

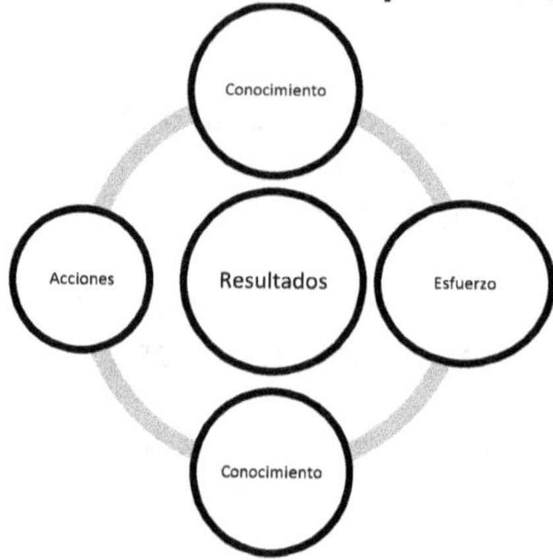

En un taller presencial Bryan Tracy explico a los asistentes las leyes mentales y los resultados que atraen en nuestras vidas, te preguntarás ¿Qué tiene que ver con AVATAR? Pues resulta que es la esencia del Avatar, sabrás el por qué.

Te muestro las 7 Leyes Mentales según Bryan Tracy.

¡Tiene sentido!

LAS 7 LEYES MENTALES. Bryan Tracy.

1.- La Ley del Control

Tú te sientes positivo contigo cuando sientes que estas en control de tu propia vida

Tú te sientes negativo cuando sientes que careces del control de tu propia vida

Control Interno VS Control Externo.

Control Interno tienes el control de ti mismo y de tus actos

Control Externo, otra persona tiene el control de tus actos y de tu vida.

El control comienza con tus pensamientos por ende tus pensamientos determinan tus sentimientos, tus sentimientos determinan tus acciones.

Las personas que tienen el control, son las personas que tienen el poder interno.

2.- Ley del Accidente.

Esta ley es la que vive el 80% de la población aproximadamente, el éxito requiere de un plan por lo tanto el éxito es planeado. La explicación es simple, es el sinónimo de la casualidad, la suerte, que se yo.

"Si fallas en planear, estas planeando fallar".

3.- Ley de Causa y Efecto.

La ley de causa y efecto dice que todo resultado en tu vida ocurre por una causa específica

"Esta es la ley de hierro del Universo"

Toda acción causa un resultado, todo sucede por algo perfectamente perfecto siempre y cuando las acciones estén encaminadas a un bien positivo, de lo contrario. ¡También!

La explicación más cercana a esta ley es:

"Los pensamientos son las causas, las condiciones son los efectos"

4.- Ley de las Creencias.

Cualquier cosa que comienzas a creer con fe, comienza a ser tu realidad.

Tu obstáculo más grande es invariablemente tus propias limitaciones sembradas desde niño, lo único seguro será siempre "El Cambio"

5.- Ley de las Expectativas.

Tus expectativas especialmente acerca de tus resultados se convierten en tus propias profecías auto cumplidas.

Cualquier cosa que esperas con seguridad se convierte en realidad, siendo tu profecía auto cumplida.

Las expectativas juegan un papel crítico en tu vida, ¿Cómo?

Las expectativas de tus padres

Las expectativas de tu pareja

Las expectativas de tu Jefe

Las expectativas que tú tienes de otros

Las expectativas que tú tienes de ti mismo, siempre espera lo mejor y juega a ganar.

6.- La Ley de la Atracción.

Tú eres un imán viviente y atraes a tu vida la gente y las circunstancias que están en armonía con tus pensamientos dominantes.

En el Universo la energía está en constante movimiento y está un estado de vibración a muy alta frecuencia, tu frecuencia o tu vibración debe ser positiva para coincidir en éste plano energético.

7.- Ley de la Correspondencia.

Como eres por dentro, así eres por fuera, tu mundo exterior es un espejo de tu mundo interior, esté refleja lo que está pasando en tu mundo interior.

Yo evito cambiar a los demás, solo puedo cambiar a mí mismo, cuando yo cambio o corrijo puedo inspirar a los demás a cambiar.

Tú te conviertes en lo que piensas, la mayoría del tiempo. Toda casualidad es mental.

Si cambias tus pensamientos vas a cambiar tu vida, suena a condición sin embargo es una realidad.

"Tu atraes con tu pensamiento lo que tú quieres, sin embargo llegará lo que tú Eres".

En qué área de tu vida te sientes más en control.

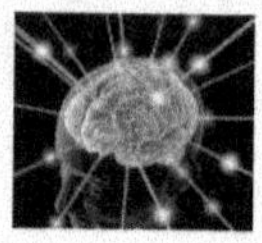

Nuestra energía se conecta a un

Plano cuántico ya creado.

¡Tiene sentido!

DESBLOQUEANDO AL AVATAR.

El 85% de tus resultados se deben a tu actitud ante la vida y ante las personas. Tu actitud da expresión externa de lo que está pasando internamente, la actitud es directamente proporcional a los resultados en tu vida, por ello es un factor preponderante para generar conexiones perdurables, cuando corriges tu actitud se incrementa el potencial humano.

La fórmula del potencial humano es:

A1+AA x A+PH= Resultados Extraordinarios

Donde

A1= Atributos Innatos

AA= Atributos Adquiridos

A= Actitud

PH= Potencial Humano

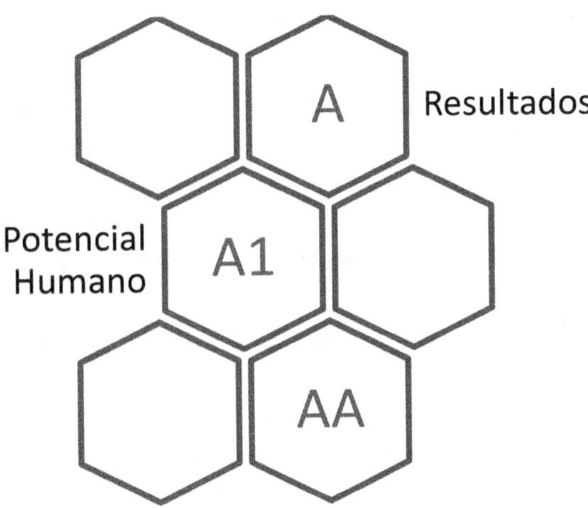

La actitud ahora es considerada la palabra más importante del lenguaje humano, pues el 85% de tu éxito será determinado por la cantidad de Actitud Mental Positiva.

Las actitudes de tus expectativas sobre tus resultados crean nuevas actitudes, nuestra actitud mental positiva viene de nuestras expectativas.

Nuestras expectativas provienen de nuestras creencias y nuestros valores, se encuentra intrínsecamente conectado a nuestro sistema mental.

Cada persona tiene una serie de creencias que los psicólogos llaman el Concepto Propio, el concepto propio también se denomina Auto estima. La auto estima es el comando central de tu vida.

Los limites superiores e inferiores de tu propio concepto o Auto estima, definen tu zona de confort, tus creencias edifican tu zona de confort.

Nuestra autoestima se edifica de tres partes críticas

1.- El ideal propio, esta es la idea que te convierte en un triunfador.

2.- Tu propia imagen, es la manera en cómo te proyectas al mundo y a tu interlocutor así como a las demás personas.

3.- Tu propio concepto, es la forma de cómo te sientes acerca de ti, la mejor definición de auto estima, es cuando manifiestas inmenso amor por ti.

Cuando tu auto estima está a la alza, es cuando más potencial existe y más seguridad hay en ti mismo.

Programar metas medibles y alcanzables reales, te permite hacer crecer tu auto estima.

"YO ME AMO"

Tú naces con todo el potencial, creencias y valores; todo niño viene al mundo con una alta necesidad de seguridad y de amor.

Todos los niños nacen con atributos que se van alterando con forme el tiempo sigue su paso y vamos creciendo.

a) Nacemos sin MIEDO

b) Somos completamente espontáneos

Ser espontáneos y crecer sin MIEDOS son atributos recuperables y totalmente modelables, nuestro AVATAR tiene la capacidad de introspección y auto recuperación mental positiva.

Todos los niños aprenden de dos formas.

a) Por Imitación.- especialmente de los adultos y de los padres

b) Por Incomodidad.- Aprenden pasando de la molestia al confort desde temprana edad, los niños comienzan a desarrollar patrones negativos los cuales tienen sus raíces en la crítica destructiva, la traición, el rechazo, el abandono, la humillación y la injusticia llamadas heridas psicológicas.

Todos nacemos con el potencial suficiente para llegar al éxito fácilmente, las heridas psicológicas se encargan de cambiar la programación exitosa.

Las críticas destructivas son usadas por nuestros padres para dirigir y controlar a los hijos hace su labor de impresión en nuestra mente, muchas veces son de buena fe y bien intencionadas, sin embargo nuestro cerebro registra sin clasificar dicha intensión, es decir "NO" tenemos claro si están construyendo o destruyendo nuestra psicología, ahora que entendemos desde donde vienen los bloqueos es más fácil de construir un AVATAR.

Aceptar responsabilidad dejo de ser opcional, es mandatorio, la responsabilidad es mía.

La palabra responsabilidad es la suma de dos palabras: responder y habilidad, que mejor explicado es la habilidad de responder; evadir nuestra responsabilidad es aceptar un valle de excusas y el AVATAR se bloquea más.

Nuestra historia revela que las civilizaciones crecieron y declinaron hasta el grado en el cual encontraron retos y respondieron eficientemente, prueba de ello la antigua Babilonia, los Egipcios, Los Mayas.

Existen tres áreas en nuestra vida donde la responsabilidad es esencial.

A) Área económica.

B) Área de la Salud.

La clave es: Tienes el control de elegir la calidad de vida física y la calidad de vida emocional, es imprescindible para generar conexiones perdurables.

Tu libertad financiera estará en constante ajuste, cuando eliges hacerte cargo responsablemente y tomas el control, respondes eficientemente al reto, creces mentalmente, nuestro AVATAR.

LIBERANDO AL AVATAR

Controlar de inicio e eliminar las emociones negativas, genera liberar a nuestro AVATAR.

Las emociones y la mentalidad positiva te traen libertad en tu vida, en el efecto contrario te convertirás en esclavo, somos los responsables directos de nuestra actitud mental positiva.

Algunas de las emociones negativas están asociadas al MIEDO, existen 48 emociones ligadas a él.

Tenemos dos factores esenciales que crean las emociones negativas y las mantienen vivas en nuestro AVATAR.

La justificación es creer que tú tienes derecho a tenerlas, la identificación de dichas emociones permite romper las cadenas emocionales de nuestro AVATAR.

¿Cómo liberamos al AVATAR?

Suena trillado y es bastante simple. Deja de juzgar el AVATAR comenzará a dar señales de vida.

La clave para liberar de las emociones negativas es erradicar la Culpa, la Queja, la cual es el pilar del 99% de ellas.

Para liberar al AVATAR de la Culpa y las emociones negativas usaremos el siguiente Neuro anclaje y remplazar el pensamiento de Culpa con la siguiente afirmación positiva.

"YO SOY RESPONSABLE"

"YO ASUMO MI RESPONSABILIDAD"

"YO ME HAGO CARGO"

RESPONSABILIDAD VS CULPA

La culpa siempre luce como algo del pasado y difícilmente la sustituimos.

La responsabilidad siempre luce como algo del futuro, las personas aman el sufrimiento (mascara), si alguna persona se queja de sus problemas contigo y evitas conectar con esa eventualidad puedes responder con lo siguiente.

Usted es responsable de sus actos, ¿Qué va hacer acerca de esto?

La existencia de una emoción negativa en donde tú te conectas será la causa de que estés en el mismo lugar, girando en círculos sin fin.

Los puntos de arranque en patrones negativos son:

a) La crítica destructiva.- Cualquier cosa dicha por una figura influyente (Padre, Madre, Abuelos, Tíos Adultos) es tomada como una representación de la realidad por un niño.

b) La falta de Amor.- Hay relación uno a uno entre la cantidad de amor recibido (Cantidad y Calidad) y una persona saludable.

c) Amor radial.- Para que un niño sienta amor verdadero deberá existir tres variables.

C1) Los padres deben amarse

C2) Los padres deben amar a sus familiares directos

C3) Los padres deben amar al niño

La única manera de que realmente amamos a nuestros hijos es cuando pasamos tiempo de calidad con él o ella

Cuando una de estas condiciones que muestro existen en combinación con una crítica destructiva, nuestro AVATAR crecerá con culpa (sentimiento de falta de valoración suficiente) los sentimientos de culpa y falta de valores son expresados en pensamientos y actitudes de "Yo soy insuficientemente bueno"

La culpa es usada por dos razones A) Castigo   B) Control

Manifestaciones adultas de culpabilidad:

a) Sentimiento de inferioridad, insuficiencia y escaso merecimiento

b) Critica auto destructiva

c) Fácilmente manipulado

d) Uso frecuente en su lenguaje de culpa o culpar a alguien

e) Lenguaje de Victima, cada prisionero tiene su cárcel

Como liberamos a nuestro AVATAR

- Elimina la crítica destructiva

- Hazte cargo de tus actos y elimina ser victima

- Elimina el culpar a otros, hazte cargo en forma responsable de tus decisiones

- Aprende a perdonar, la mentalidad saludable se genera paso a paso al grado que se puede perdonar y eliminar quejas contra tu persona.

A quienes debemos perdonar para liberar al AVATAR.

- Tus padres
- A tus ancestros
- A tu familia en primer grado
- A tus hermanos
- A ti mismo
- A las demás personas que has generado dolor siendo inconsciente.
  Programando tu mente para el éxito, liberando a nuestro AVATAR.

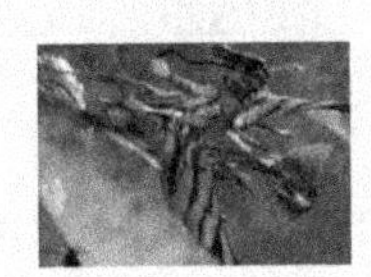

Tú eres resultado de tus pensamientos, eres el resultado de lo que hay en tu mente, deberás cambiar el concepto de ti mismo, aumentar auto estima.

El concepto de ti mismo es el paquete de creencias interior que determina todo lo que pasa contigo y te acompañan desde la niñez.

Todos los cambios comienzan tomando nueva información que cambie tu propio concepto.

La trasmutación AVATAR, cada persona está en un estado de crecimiento y de cambio permanente, si es tu deseo evolucionar y crecer, generar conexiones perdurables, deberás tener bien cimentadas tus metas, mientras más claras sean y escribirlas a detalle y crear un plan de acciones.

Tu deberás permanecer en tus metas la mayoría del tiempo, tomar acción y perseverar.

Derribar los obstáculos para convertirte en una persona exitosa (Liberar a nuestro AVATAR)

a) Parálisis paradigmática.- a todas las personas les encanta el estatus quo, quedarse en modo seguro

b) Psicoesclerosis.- es el endurecimiento de la actitud, cuando nos estancamos, cuando nos invade el pánico y resistimos el cambio.

Estos obstáculos condenan a nuestro AVATAR y quedarse atrapado en la zona de confort, deberás fijarte metas medibles para salir de tu zona de confort, desafiar a la mente limitante es la única forma de liberar a nuestro AVATAR

EL PODER DE LA SUGESTION

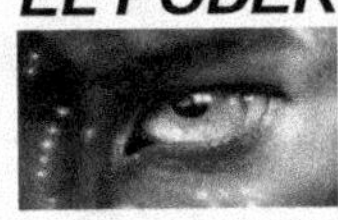

Nuestros hábitos o inercia crean una zona de confort, en esencia de una decisión específica de tu parte para corregir algún aspecto de tu vida que beneficia directamente a nuestro AVATAR.

La tendencia actual es seguir por el mismo camino indefinidamente, si falta esfuerzo en alcanzar los resultados en tu vida y sigues el mismo camino indefinidamente. Hazte la siguiente pregunta.

¿Qué quiero lograr?

El fallar en obtener los resultados esperados, el salirse de la zona de confort abre las posibilidades de generar conexiones con otras personas y que estas sean perdurables.

El 95% de todo lo que nos sucede es por hábitos.

Recuerda que las emociones son factor determinante en las decisiones y elecciones adecuadas, la emocionalidad supera a la racionalidad y las consecuencias serán permanentes, ¿lo recuerdas?

Las emociones que luchan dentro de nuestro AVATAR son el MIEDO y el DESEO

Ambas puedes perder fácilmente el control si le das permiso a la vocecita de tomar control sobre nuestro AVATAR.

En el universo como en los humanos, existe una ley universal llamada

LEY DE LA EXPRESION

Lo que es impreso es expresado, a mí me llevo tiempo comprender claramente esta afirmación, pues se trata de una analogía de nuestra vida, significa que lo que nos causa un impacto en nuestras vidas es lo que expresamos cotidianamente. La información que desde niño fue impresa y adquirida es la que manifestamos en nuestra etapa de adultos.

El universo nos comparte más leyes para nuestro AVATAR

LEY DE LA REVERSABILIDAD.

Cuando liberamos a nuestro AVATAR y alcanzamos cierto nivel de éxito, buena salud y felicidad, se alcanza un estado subjetivo o estado emocional. Lo llamo modelar el éxito.

Nuestra imaginación tiene un lugar importante en esta fase de liberación de nuestro AVATAR pues generas una puerta en la dimensión cuántica y te conectas con el futuro que ya existe en otro lugar del universo, justo donde habita nuestro AVATAR.

Nuestro poder de conexión a la realidad cuántica y mantener esa conexión aseguras la llegada de nuestro AVATAR a esta realidad dimensional, recuerda que somos seres espirituales en una experiencia humana y que nuestro AVATAR se conecta con nuestro espíritu y genera las conexiones perdurables, pues le verdadero AVATAR vive en nuestro corazón y se convierte en el motor cuántico de conexión al futuro y a la realidad presente.

¡Estás listo para conectarte con tu AVATAR y generar conexiones en esta dimensión!

Mercadeo Ético

En la actividad de generar conexiones perdurables, es la suma de recursos notables y sobre todo de algo mágico llamado instinto creativo, con herramientas desarrolladas para comerciar en forma ética.

Es decir MERCADEAR CON PROPOSITO LIMPIO.

Notarás que en los módulos anteriores nuestro enfoque se mantuvo en la parte mental así como en nuestro SER, todo en la vida lleva un proceso en la forma de generar riqueza así como generar lazos de cualquier índole entre seres humanos.

El proceso lógico que nos imprimieron hemos descubierto que no sirve hoy en día pues solo genera catástrofes.

Repito el proceso para que nos quede claro que generar conexiones perdurables con personas nace desde el corazón, se genera acciones necesarias y adecuadas para obtener resultados que satisfacen nuestras necesidades más primitivas, el orden es. SER-HACER-TENER y nos encontramos en la última etapa que es HACER pues para TENER que son los resultados, serás tú quien evalué si las herramientas que recibiste en este libro te llevaron al éxito.

De lo contrario, debemos revisar que paso omití para llegar más rápido, cuando está probado llevar un orden te lleva al éxito en las metas deseadas.

¿Qué es mercadeo ético?

La palabra mercadear según Wikipedia

Según Philip Kotler (considerado por algunos el padre de la mercadotecnia moderna), es «el proceso social y administrativo por el cual los grupos e individuos satisfacen sus necesidades al crear e intercambiar bienes y servicios»., mientras que para la AMA el *marketing* se lo considera como "actividad, un conjunto de instituciones y procesos para crear, comunicar, entregar, y el intercambio de ofertas que tienen valor para los clientes, socios y la sociedad en general".

También se le ha definido como una filosofía de la dirección que sostiene que la clave para alcanzar los objetivos de la organización reside en identificar las necesidades y deseos del mercado objetivo y

Adaptarse para ofrecer las satisfacciones deseadas por el mercado de forma más eficiente que la competencia.

La mercadotecnia es también un proceso que comprende la identificación de necesidades y deseos del mercado objetivo, la formulación de objetivos orientados al consumidor.

La construcción de estrategias que creen un valor superior, la implantación de relaciones con el consumidor y la retención del valor del consumidor para alcanzar beneficios.

Ahora bien, Mercadotecnia ética es la forma de promover nuestros productos o servicios en un mercado altamente competido usando los recursos adecuados, en las formas adecuadas, con las estrategias adecuadas y con las herramientas adecuadas en los tiempos adecuados, generando conexiones éticas y perdurables con Clientes nuevos y manteniendo clientes actuales.

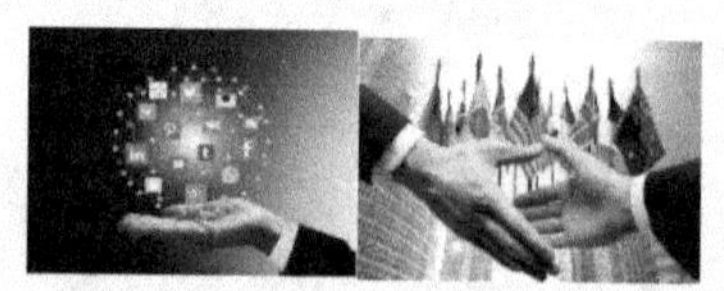

¡Tiene sentido!

USO DE LA TECNOLOGÍA PARA

MERCADEAR

Lo primero que debes hacer es ubicarte en la realidad, mirando el futuro, generar conexiones perdurables con personas implica sumar herramientas y mecanismos que propaguen de a mejor forma tus productos y servicios y que en forma significativa y ordenada puedas desplazar los mismos.

Trazar metas económicas es importante, sin embargo hay metas que son clave para alcanzar una estabilidad económica y una herramienta que puedes emplear es la Mercadotecnia.

Claridad y enfoque son fundamentales en un mundo competido y de alta volatilidad, si tienes claridad en lo que quieres alcanzar y te enfocas en realizarlo, muy seguro lograras conexiones perdurables y éxito financiero.

Marketing se encarga de crear las estrategias en dos vertientes, ética y de guerrilla donde la segunda alcanzas las metas más rápido sin embargo con los costes más catastróficos y la primer opción lleva su tiempo sin embargo te dará los mejores resultados medibles, comprobables y replicables según el modelo que eliges para generar nuevas conexiones y estas sean realmente perdurables.

Marketing ético actualmente se usa en forma masiva, en el mundo empleando diversas tecnologías, desde el método básico volantes, revistas, radio, televisión abierta, televisión de paga, hasta las nuevas tecnologías digitales e Internet, redes sociales, redes bidireccionales de mensajes, etc.

El marketing ético o mejor conocido como marketing de comportamientos, te proporciona las herramientas, hace un diagnóstico de encuadre previo y un plan de acciones bien pensadas para generar resultados acordes las expectativas de los productos o servicios, es importante recordar que en similitud de productos, en similitud de empresas jamás uses marketing similar pues nunca sobre sales de los promedios.

¡Tiene sentido!

Hoy en día cuando escuchamos la palabra Mercadear suena como acudir a un mercado y ofrecer con todas las personas que ahí asisten nuestros productos y servicios.

Mercadear se remonta hace más de 4000 años en los antiguos pueblos de oriente, donde el ser humano y los grupos ya conformados en pequeñas aldeas, originalmente agrícolas dieron las primeras señales de crear una necesidad, alimentos, vestimenta y un techo.

Estas tres necesidades básicas crearon una nueva necesidad en esas pequeñas aldeas, productos de consumo, productos de abastecimiento, productos de construcción. En pequeñas dimensiones, la necesidad comenzó en una familia, un pequeño grupo de seres gregarios que conformaron un pequeño núcleo en esta nueva forma de asociarse entre seres evolucionados.

Justo ahí y sin nada y de la nada la necesidad movió a esos seres a buscar algo más para comer, las semillas fueron su alimento básico.

Esa búsqueda creo los mercados de esa época, pequeños productores intercambiando sus semillas, frutas, etc. Intercambiando, así es intercambiando la primer forma de hacer comercio fue el intercambio o el trueque.

Observaron y aprendieron que podían acceder a otro tipo de semillas, frutas y pieles de animales para tener abrigo. Justo ahí nace un mercado, el tiempo se encargó de hacer que los mercados fueran más y en diferentes lugares y los ajustes de las necesidades lo hizo el ser humano.

Te preguntaras ¿Qué tiene que ver con el Mercadeo? Justo es la raíz de esta actividad, marketing se convierte en el vehículo para hacer llegar tus productos o servicios a ese mercado objetivo al cual deseas llegar.

La diferencia actual es el emplear herramientas, el vehículo adecuado y en la forma adecuada, para ello un ejemplo:

Eres un productor de naranjas, si naranjas las más jugosas, las más grandes, las mejores naranjas en la población de donde tú eres, y este producto requiere llegar a la mesa de muchas familias, hacer el jugo que muchas personas van a beber en cualquier hora de un día normal.

¿Cómo llevar esas hermosas naranjas dulces a muchas personas?

Pues requieres de un <u>vehículo</u> que pueda llevar tus productos a un mercado específico. ¿Cuál es ese vehículo? El Marketing ético o de comportamientos.

¡Tiene sentido!

El avance de nuevas tecnologías permite llevar al Marketing al siguiente nivel en el desarrollo, para que puedas generar conexiones perdurables, deberás considerar el uso de herramientas, preparar y prepararte con más información y con más estudio acerca de nuestros clientes, ¡lo recuerdas!

El uso de Internet y todos los medios que requieres para dar a conocer tus productos o servicios hace indispensable el uso de más herramientas, el marketing ético o de comportamientos te permite un camino más para hacer llegar tus productos y servicios, generar Neuro conexiones perdurables.

¡Wow! Generar Neuro Conexiones Perdurables. ¡Tiene sentido!

Hasta este punto, ya tienes muchas herramientas para conectar, para generar Neuro conexiones perdurables, el modelo de ventas que antes conocías dejo de existir, el mercado ya cambio, en efecto ya cambio en todos los sentidos y direcciones. Hoy tienes más opciones, más posibilidades, más mercado objetivo, más personas para conectar.

Recapitulemos.

Nuestro Cerebro, nuestro activo más valioso y poderoso

Nuestro Comportamiento, como ser Líder

Nuestra Mentalidad, las rutas adecuadas y el cómo.

Nuestras Emociones, la raíz de las decisiones.

Neuro Conexiones, el poder de generar valor con valor

Servicio y servir con calidad, reforzando nuestra mentalidad

Marketing ético o de comportamientos, el cómo conectar con más personas

¡Tiene sentido!

Neuro Conexiones Perdurables

TIPS UTILES PARA MERCADEAR

Antes de comenzar a definir claramente cómo elegir in plan de marketing ético, requieres tomarte una radiografía, que te permita conocerte y evaluar tu propio potencial hasta ahora.

Tú debes saber cuál es tu realidad actual, de tu persona y la de tu negocio o la realidad del lugar donde colaboras.

Si sabes bien cuál es la radiografía, obtienes claridad sobre ti mismo, despertar nuestro AVATAR.

Tomarte una radiografía de cómo te sientes, te da precisión de lo que tienes realmente en la forma de generar conexiones, antes eran técnicas de venta mismas que ya son material obsoleto y que dejaron de existir, hoy tienes una realidad diferente en la forma de generar conexiones perdurables.

Muchas ocasiones tu negocio, está dentro o fuera de internet y desconoces cuantos clientes tienes y cuantas posibilidades nuevas tienes, cual es el promedio de compra de cada uno, cuanto hace que no repite la compra, etc.

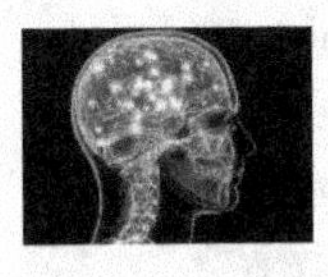

En internet, ¿cuantos suscriptores tienes en tu lista?, ¿cuantos te abren un correo electrónico que envías?, ¿cuantos ignoran mensajes en meses?

El marketing ético o de comportamientos emplea diversa tecnologías, ahora que sabes cómo generar Neuro conexiones perdurables, debes plantearte una nueva posibilidad para darte a conocer.

Internet abre dichas posibilidades y potencia tales conexiones, el punto es saber cuál es la mejor herramienta y el mejor marketero que comparta dichas herramientas probadas.

Hacer marketing es un mecanismo para llegar a más personas, generar conexiones y que estas se conviertan en conexiones perdurables, sin embargo requieres invertir tiempo y dinero para conocer herramientas, nunca te vayas por la primer oferta, pues muchas veces se trata de novatos en la materia, tampoco te vayas por la más alta en referencia a costo pues agotara tus recursos de inversión inicial.

Existe en el mercado personas muy éticas y verdaderos maestros en la forma de hacer negocios en internet, para ello debes dedicar el tiempo razonable para buscarlos y encontrar al experto que te apoye con un vehículo ético.

Sigo aprendiendo en materia de Marketing y marketing digital, sin ser mercadologo. Te preguntaras ¿Por qué me hablas de Marketing sin ser Marketero? ¿Además de Ser Coach eres Marketero?

Mi respuesta es simple.

Debes saber que para triunfar en el mercado como en la vida, tener claro hacia dónde quieres llegar, desde donde partir y como llegar requiere de herramientas.

De nada sirve ser el mejor atleta, el mejor abogado, el mejor panadero, el mejor artesano, etc. Si evitas invertir en tu mayor activo, tu mente, tus conocimientos.

La información que hoy tienes en tus manos te permitirá tener un nuevo horizonte acerca de cómo generar negocios y conexiones con personas y que estas sean perdurables. Marketing de comportamientos lo aprendí de un gran Amigo, un gran maestro y un gran ser humano. Luis Eduardo Barón a ello se sumó seres maravillosos como lo es Álvaro Mendoza (El Padrino) y Gus Sevilla. Este último si es Marketero. Todos ellos aportan mucho valor en lo que hacen.

¡Tiene sentido!

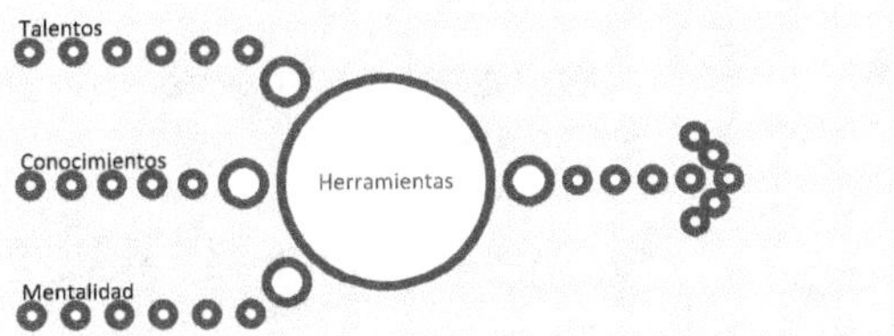

Así que lo primero que tienes que hacer es una evaluación de tu negocio y si está ausente es momento adecuado de hacerlo, para ello requieres de papel, lápiz o bolígrafo y honestidad, mucha honestidad.

Haz una lista de indicadores y escribe en honestidad al máximo.

- Ventas mensuales

- Gastos mensuales

- Valor promedio de cada venta

- Valor de vida de un cliente

- Cuantos productos puedes comerciar

- Cuantos servicios puedes comerciar

- Cuantos amigos posees en tus redes sociales

- Cuál es el promedio de interacción

- Cuantos suscriptores en YouTube tienes y si tienes canal de YouTube

- Cuantas visualizaciones

- Cuál es el promedio de Video instructivos que compartes

- Cuantos seguidores tienes en la red social que usas

- Tienes página WEB/Blog; punto de arranque en Internet muy importante.

A partir de esta información se puede establecer un sistema de métricas, debes conocer tus finanzas tanto personales como de tu negocio. Este sistema se llama estado de resultados o mejor dicho; estado de pérdidas y ganancias. Esta es la radiografía de tu economía.

Cuando tienes en papel los números de tus finanzas podrás observar tu crecimiento, que porcentaje tienes en perdidas, será más fácil establecer que estás haciendo bien y cuáles son los puntos de oportunidad a mejorar con los ajustes adecuados.

Tus métricas son las que harán la diferencia, lo importante aquí es que aprendas a interpretar esa radiografía, de lo contrario, solo veras una mancha oscura falta de sentido y utilidad.

Si conoces tu meta financiera mensual, semestral, anual y en cinco años y aún sigues sin alcanzarla; te puedas dar cuenta que para generar nuevas Neuro conexiones y llevarlas al siguiente nivel y que estas sean perdurables, debes saber en dónde estás.

Tu radiografía es útil para usarla al comienzo de tu plan de negocio, sirve para medir, tomar acciones correctivas y nuevamente medir el progreso.

Un ejemplo claro es: Cuando el Doctor toma la radiografía, la observa detenidamente, establece la realidad de la persona y establece el tratamiento y en poco tiempo después repite el proceso con una nueva radiografía con el objetivo de evaluar el tratamiento y medir el resultado.

REMARKETING

¿Qué es el REMÁRKETING?

¿Remar qué? Justamente fue la misma interrogante que me hice al escuchar esa palabra de voz de algunas personas que ya estaban haciendo marketing de sus productos y servicios.

Algo que a mí me tranquilizo fue cuando Luis Eduardo Barón explico a sus alumnos con toda tranquilidad paso a paso de que se trata este concepto y en ese momento me hizo clic y quiero compartirlo contigo.

Cuando explico claramente comprendí que se trata de una herramienta más con la que puedes contar para mercadear en Internet y generar un mecanismo de retorno, te explico

El remárketing o retargeting en la actualidad es una de las técnicas más beneficiosas para emprender un negocio, hacer crecer un negocio o mejor aún, expandir un negocio en Internet cuando creas una campaña para darte a conocer.

El ejemplo más común de remárketing es cuando una persona visita tu propuesta de venta en tu página web, sin embargo por algo quedo inconcluso el adquirir tu producto o servicio, entonces mediante esta técnica puedes crear una audiencia personalizada, empleando ahora publicidad pagada en redes sociales, creando la invitación a tomar acción y terminar la adquisición de tu producto o servicio que había estado observando y por una u otra razón quedó incloncusa.

El Mercadear de una forma ética, hacer Marketing de comportamientos requiere del uso adecuado de mecanismos, información y recursos bien enfocados; incluso las personas adecuadas y con la experiencia necesaria jamás están junto tu casa.

Te preguntaras ¿Dónde voy a encontrar el talento requerido para llevar mi campaña a Internet? Por principio de cuentas ¿Qué es ON LINE? ¿Dónde están los Gurús?

DONDE ESTAN LOS GURÚS

"Cuando quieres llegar al Polo Norte sin tener una Brújula, y tampoco conoces el camino. Sin importar el camino que elijas, inevitablemente nunca llegarás"

Esta frase la escuche hace muchos años por mi mentor y maestro Miguel Ángel Cornejo Q.E.P.D. Y con el paso de los años está frase seguía llegando a mi vida y con nuevas personas que conocía en cursos presenciales e incluso en libros que leí acerca de la empresa y emprender.

Cuando conocí a Luis Eduardo Barón vía Internet, surgieron nuevas preguntas y estas orientadas en forma específica se desvanecieron por si solas. Elegí tomar un curso con él, me genero confianza pues en forma simultánea comenzó a llegar a mi vida en acto seguido más personas que ya manejan sus negocios en Internet, llego a mi vida Álvaro Mendoza, Gus Sevilla, Juan Carlos Castro, Jürgen Klaríc, Manuel Alonso y más personas extraordinarias que ahora son excelentes referentes y buenos amigos, de ellos aprendí el Valor de la Humildad extendida ON LINE, es decir. Sin importar el lugar geográfico cuando realmente deseas apoyar a muchas personas, las distancias se acortan y el Internet te hace fácil el camino.

Conforme el curso avanzaba la información que compartían conmigo los antes citados los puse en práctica, meterse al barro como lo dicen algunos amigos, incluso Luis Eduardo Barón me compartió herramientas útiles para dar el paso en firme, compartió la frescura de la experiencia y la suma de talentos de los anteriores citados.

Gus Sevilla por su parte que él si es realmente un Marketero profesional que radica en los Estados Unidos de hecho, todos los mencionados en el párrafo anterior, mismos que comparten en la actualidad mucha de su experiencia en los mercados ONLINE que para efectos prácticos así le llamaremos al Internet.

¿Qué tiene que ver está historia? La respuesta es muy simple.

Que los Gurús algunas veces los encuentras en el país donde eres originario otras tantas están fuera del país, debes buscar, que antes de tomar una elección atrévete a preguntar con las personas adecuadas.

¿Cómo saber si es la persona adecuada?

Como Coach en todo el proceso y duración de este libro te habrás dado cuenta que siempre hay preguntas, el objetivo de las mismas es abrir las posibilidades para el auto reflexión, a la introspección y buscar en nuestro lado consciente las respuestas, pues ahí siempre han estado.

Solo que nunca hacemos las preguntas adecuadas, ni la forma adecuada y sólo procesamos información y tomamos decisiones nada conscientes de los cuales las consecuencias son permanentes.

¡Tiene sentido!

Finalmente en este tema te guio a la sugerencia de buscar, yo encontré a los Gurús y no fue en el país donde soy originario, mi primer punto de orientación fue hacia el Norte hacia los Estados Unidos, te preguntarás nuevamente. ¿Por qué?

Casualmente los Estados Unidos es el país donde toda clase de comercio tiene una estadística, un proceso y donde todo absolutamente todo se mide, se estudia y se cuestiona, donde los mercados en Internet tienen su base de residencia.

Donde los más grandes mercadologos están presentes, donde muchas personas se vuelven millonarios viviendo el sueño americano, donde las empresas bien cimentadas se convierten en trasnacionales, en pocas palabras. ¡Donde están las ligas mayores! Y esto nos lleva a tener y ajustar el lente, por qué para aprender también se puede en los Estados Unidos, su gran comunidad de emigrantes y docentes científicos radican en ese país. Con enfocar el lente quiero decir. Determinar claramente que quiero hacer y con quien debo acercarme para aprender más y poner en práctica estos conocimientos.

En este libro te muestro el camino y la suma de muchos conocimientos de personas con la inquietud de cuestionarse día a día el ¿Qué pasaría si...........?

Constantemente me cuestiono y busco las respuestas, pues he aprendido que dejar de cuestionar es declararme ser vencido por la ignorancia.

En este libro te acerco la suma de conocimiento y el talento de muchos locos que andamos en el mundo generando cambios y Neuro conectando con personas, que estas conexiones sean perdurables pues ya sabemos que todos estamos conectados en un plano cuántico y que si eliges aprender, eliges poner en práctica, eliges sacar de ti la mejor versión de tu ser, en ese momento te estarás conectando en forma inmediata con quienes ya lo estamos y generamos logros extraordinarios. A eso me refiero.

El emprender, el hacer crecer un negocio, el mejorar la empresa, el mejorar en cualquier disciplina donde te encuentres requiere más que conocimiento, es requisito fundamental poner en práctica lo que estas aprendiendo, cuestionando, buscando y buscando hasta encontrar a las personas adecuadas, date la oportunidad de cuestionar, de buscar, jamás te quedes con una sola recomendación sigue buscando, sigue cuestionando, date la oportunidad de reflexionar y revisar toda la información que has recopilado, evalúa, valida y pon en práctica el valor que te comparten, pregunta, cuestiona y cuestiónate constantemente si estas enfocando o solo te estas distrayendo con demasiada información que deja de ser útil.

Te mencione a las personas que para mí han aportado gran conocimiento, mismas que estuve buscando con muchas y muchas y muchas personas, cuestionando, buscando, buscando, cometiendo errores y fracasando en poner en práctica, el fracaso en mi mente ahora significa "Oportunidad de Adquirir Nuevo Conocimiento" ¡Wow! Eso me encanta, me pone a modo "Hervir" eslogan de un gran ser humano Juan Diego Gómez que también te he mencionado el modo hervir.

¡Tiene sentido!

Los gurús rara vez viven en la misma tierra donde está tu raíz. Algunas ocasiones los encuentras en la misma localidad, pues invariablemente son personas que sobre salen de lo comúnmente conocido, son personas extraordinarias, son personas en excelencia, son personas con deseos de poder apoyarte.

Mi mentor y maestro Miguel Ángel Cornejo me decía así: ¡Para sobre salir en la vida y ser rico, deberás pagar la colegiatura de la vida! Que quiere decir. Deberás pagar en el mejor activo que posees, se llama "TU MENTE" invertir en ti, en tus conocimientos, este libro es la suma de todo el conocimiento práctico que te permita cuestionar y cuestionarte para mejorar en todos tus actos, debes investigar, buscar y buscar, innova, practica, comete.

Errores, has los ajustes necesarios y adecuados en tu vida para llegar a los logros extraordinarios. ¡Paga la Colegiatura!

Las Neuro Conexiones Perdurables se logran solo cuando pones en práctica lo aquí plasmado, ajusta, mejora, aprende. Selecciona de nuevo, apunta y ponte en acción.

T. Harv Eker afirma en su libro, los secretos de la mente millonaria.

¡PREPARO, APUNTO, DISPARO y me pongo en ACCIÓN!

Para generar Neuro Conexiones perdurables quiere ponerse en ACCIÓN, buscar, buscar y elegir, jamás postergar, jamás dejar para después, jamás ceder el paso a quienes si están convencidos que si se puede lograr.

Ponte en "¡MODO HERVIR!" La Acción bien pensada invariablemente lleva a los resultados.

EL ÉXITO ES UN PLAN.

Durante muchos años además de escuchar, leer y aprender acerca de casos de éxito y que observe que las personas millonarias, todas ellas llevaron a cabo su plan de Acción.

Me di cuenta en carne propia que adoptar un plan de Acción, un plan para emprender, un plan para iniciar un negocio, un plan para hacer crecer la empresa, un plan para tener una familia feliz y un plan para la libertad financiera son ingredientes fundamentales para llegar a la meta final.

Cuando acumulas fracasos sin aprender, estas evidenciando que careces de un plan, los planes de acción es la suma de fracasos y experiencias bien documentadas y que llevan a crear nuevas formas de acción, generar Neuro conexiones perdurables, también requiere un plan.

Usualmente todos los autores se presentan al inicio y describen quienes son y que pueden aportar, yo elegí dejarlo al final, pues primero te ofrendé conocimiento, beneficios, posibilidades con el objetivo de crecer y auto transformarte.

Ahora debes saber que yo también he fracasado y he aprendido, me considero un terco emprendedor, un obstinado estudiante de nuevas posibilidades y un gran descuidado por omitir crear mi plan de vida.

¡Pagar la Colegiatura! Y pagar precios por omisión, cuando omites crear un Plan de Vida, un Plan de Acción en cualquier disciplina estas otorgando gran poder a la ignorancia y esta emite las más altas facturas, pagaras los precios de la ignorancia.

Quiero compartir contigo una historia, mi historia, sé que va a ser de utilidad en tu vida; es usar experiencia acumulada y mejor de esta historia para tu beneficio, como dicen en Colombia. ¡Chupar Rueda!

Al grano, que puedes perder si olvidas un Plan.

Hace muchos años, cuando mi carrera comenzaba, soy de carrera Ingeniero en Comunicaciones y Electrónica, viví la euforia tecnológica de los 90´s. donde las redes de comunicación dieron un vuelco en la vida de cientos, miles y ahora millones de personas, pues aparecían los distintos aparatos de comunicación móvil personal y las comunicaciones personales dejaron de ser por medio de un cable de cobre, se dio paso a nuevas tecnologías que solo en las películas se hacían referencia como ciencia ficción, donde la fibra óptica figuraba como la más avanzada tecnología y que solo las agencias gubernamentales la usaban para pruebas e inventos secretos para el mundo.

Mi historia inicia su parte aguas ahí donde las telecomunicaciones del antes y el después fijan un hito en la historia del mundo, antes de ese hito solo me preparaba con el más erróneo sistema educativo en el mundo existe, te sueña esto.

¡Estudia, saca las mejores calificaciones, busca un buen empleo cuando te gradúes, crece en el escalafón laboral y retírate tranquilo!   ¡Ups! ¿Dónde he escuchado esas palabras repetidamente?

En la etapa donde la adultez llega a nuestras vidas y debes elegir qué camino tomar, mientras muchos amigos se dedicaban a pasear, divertirse en los lugares de baile y bares, elegí quedarme en casa a estudiar, pues tenía la falsa creencia que siendo el mejor en mis estudios alcanzaría un puesto de mando en poco tiempo en la escalera laboral, ¡cuán equivocado estuve!

Finalmente me gradué y algunos amigos siguieron en la esclarea laboral ya sea en el sector gobierno como en las empresas, siendo parte de esa escalera y comencé a vivenciar en carne propia las diferencias brutales entre la escuela y la realidad laboral, comencé a recibir los primeros embates de la ausencia de un plan, de vivir en un sistema donde muchas personas continúan viviendo, en subidas y caídas económicas como si fuerzas externas o de otras dimensiones actuarán en mi contra, etapas de mucho dinero y etapas donde falta todo, la primer manifestación sucede en el cambio de empleo, donde eres joven, te requieren experiencia y además altos estándares en conocimientos, justo en mi primer experiencia laboral descubrí que el trato con las personas a las cuales tuve el privilegio atender, me retribuyo una gran experiencia con la parte humana, aprendí que generar conexiones perdurables se da en el trato inicial, ser atento, amable, educado al dirigirte con esas personas genera empatía.

Comencé a tomar notas y notas de esas pruebas, algunas ocasiones hacia lo contrario y observe resultados contrarios, mis notas se basaban a prueba y error, confirme que mientras mejor trato le daba a las personas con las que me rodeo incluso hasta la fecha, se generan conexiones muchas pueden ser perdurables dependiendo como tu percibas estas notas.

La vida, el tiempo y las circunstancias me fueron guiando por muchos caminos, aprendizaje con embates, muchas veces me preguntaba ¿Por qué a mí tantas subidas y caídas en todas direcciones? Subir, caer, subir caer y lo mejor de ello es documentar.

Enfrente un gran número de pérdidas tanto económicas como en la vida, finalmente me di cuenta que por carecer de un plan, se fue desencadenando un cumulo de fracasos y experiencias, inclusive mi propia familia se fracturo, me case y también me divorcie, el costo de la ignorancia.

Me enfrente con un dolor más elevado que existe y me puso en Modo Hervir, perder la convivencia con mis hijos que figuran en los agradecimientos de este libro. Me di cuenta que a los seres que más amas, son los seres que más dolor les generas, asumí mi responsabilidad y ahora son ellos la gasolina que me pone en ¡Modo Hervir!

Pagar los precios elevados de la ignorancia, a pesar de contar con carrera universitaria, la ignorancia en escuchar a los sabios, al dejar de lado el implementar un plan, el perder todo.

Literal ¡Perderlo todo! Por creer que estaba pagando la colegiatura a la vida me llevo a un plano reflexivo y elegir aprender del fracaso y corregir en forma inmediata mis errores fatales.

En esta sección te comparto los puntos requeridos para darle forma a un plan de acción y que este te permita adaptarlo a cualquier actividad de negocio, en tu vida personal, en tus finanzas personales y lo mejor en tus metas de Neuro conectar relaciones perdurables.

¿Quieres pagar precios por omitir un plan?

¿Qué pasaría si evito crear un Plan de Acción en mí Vida?

Y sí, sí, si me doy la oportunidad de crear un plan

¡Tiene sentido!

A partir de que escuche palabras sabias de ¡Crea un Plan de Vida, un Plan de Negocio y Un Plan de Retiro! Y esboce ¡Es mucha tarea! Y de inmediato me indicaron ¿Cuánto haz perdido por evitar hacer la tarea, por hacerle caso a la vocecita, por darle el poder a la ignorancia sobre tu Vida Emocional y Financiera?

Eso realmente dolió, ¡Auch! Un golpe directo en mi EGO y sobre todo en mi SER que ya reclamaba ser libre, desde ese momento me di la tarea de crear un plan, tomar muchas notas y recopilarlas y tomar acción, aprender y aprender.

He fracasado muchas veces, mi mente ahora está en Modo Hervir, aceptando todos los fracasos como un gran aprendizaje, todas las pérdidas se convierten en las mejores inversiones de experiencia rentable.

Buscar y buscar información que ahora es mucho más fácil encontrar mediante el uso adecuado de Internet, de las redes sociales y de medios digitales en la información, cabe señalar que en este nuevo mundo digital existe también demasiada información, un gran porcentaje es información confusa. Cierto es que si existe información real, información precisa, información de Valor incluso personas que realmente quieren apoyarte, personas que ya están en un estado de éxito, que si tienen la capacidad, la posibilidad y la disponibilidad de compartir Valor y que tú también llevas a la acción, dicha información que ahora está a tu alcance, en este libro.

PLAN DE VUELO

"Tu mentalidad define por mucho tu realidad, mi   mundo interior crea mi mundo exterior"

T. Harv Eker

Hoy en las redes digitales muchas personas se auto proclaman los gurús del conocimiento, pocos lo son realmente, el punto de partida radica en aprender de todos ellos, pues de diferente proporción te aportan valor, tomar notas y llevarlo a tu propio plan de vuelo es tu propio mecanismo de valoración y auto validación, escuchar y

aprender las cosas positivas dependerá de tus propios valores y puntos de referencia, ¡Aprender a diferenciar! ¡Ser tú en diferenciador!

Nuestro plan de vuelo será un diseño propio, sin embargo te comparto algunos modelos o plantillas. Que solo de ti dependerá adaptarlos a nuestra realidad, ningún modelo se empata por completo a nuestro estado de la realidad, sin embargo en algunos puntos o aristas se acercan estas historias a tu historia, contar con un plan de vida o plan de acción te dará una herramienta más para crecer y Neuro conectar con personas, que sean perdurables, que generen más que personas, que generen amigos reales que en muchas cosas seas tú una persona confiable, que esas personas te concedan en honor de poder servir, servir con calidad, servir con excelencia.

Nuestro plan de acciones ¿Qué debe contener?

A continuación te presento un modelo de referencia, aclaro deberás adaptarlo a tus propias necesidades e incluye un ingrediente fundamental, honestidad al máximo, pues esta información es para ti, solo tu revisaras, solo tú te engañaras si plasmas información que es falsa, solo tú le harás caso a la vocecita si medio te mientes, en este punto donde lo fundamental en tu vida es ser congruente. (Alinear lo que piensas, lo que dices y lo que haces)

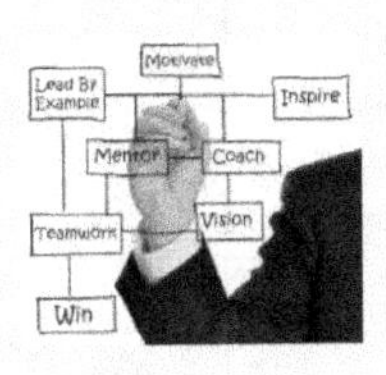

Lista de los particulares básicos de tu negocio.
Ajusta las filas como corresponda en tu país.

Nombre de tu negocio	Detalles
Nombre Comercial estatus del negocio:	
Socios/Accionistas/ Dirección	
Domicilio de la oficina principal:	
Domicilio Fiscal:	
Teléfono Principal:	

Teléfono Secundario:	
Email Principal:	
Sitio Web:	
Fecha de registro o Alta constitutiva:	
Incorporación del Negocio/Número de registro: (RFC)	
Número(s) de referencia sobre impuestos al Negocio: (SAT)	
Principales accionistas:	
Consejeros Profesionales:	
- Auditores	
- Consejeros Legales	
- Cuenta Bancaria en:	
- asesor financiero/ Asesor fiscal	
- Cualquier otro consejero clave	

RESUMEN EJECUTIVO

"Pensar en grande, comenzar en pequeño. El éxito lo determinará tu mentalidad"

El saber claramente hacia dónde quieres llegar y el cómo quieres llegar en generar Neuro conexiones perdurables en forma clara y precisa establece el camino hacia el crecimiento continuo.

El resumen ejecutivo deberás plasmar en menos de una hoja tamaño carta, en palabras bien pensadas y nada rebuscadas, cual es el propósito de tu negocio, las metas a alcanzar usando el plan, incluye una propuesta única de inversión, esta es tu carta descriptiva para atraer inversionistas o créditos, el objetivo será obtener un flujo de capital que dispare al infinito tu negocio, las inversiones objetivas son inversiones rentables en tu negocio.

DESCRIPCIÓN DE TU NEGOCIO

"Saber claramente, que produces y que servicios ofreces te permite manejar adecuadamente la forma de como conectas, plasma lo realmente produces, nuca lo que quisieras hacer"

El saber con precisión de que estas hecho te permite Neuro conectar de una manera eficiente, debes tener claro que si solo tienes un producto y este tiene la calidad requerida para competir y atraer a los clientes deseados, puede ser mejorado con valor agregado, de lo contrario se convierte en un punto de oportunidad para mejorar y establecer una métrica que supere en todas las expectativas.

Si ofreces servicios, deberás plasmar claramente que servicios y que valor agregado ofreces, los negocios crecientes de ninguna manera son los que ofrecen más productos o servicios, son los negocios que algunas veces solo tienen un producto o servicio y este lo dan de forma excelente, extraordinaria y con valor agregado, calidad superior y mejora continua.

Tener un solo producto jamás te limita, es todo lo contrario, te puedes hacer experto en el tema, puedes crear y ser diferenciador, en esta carta debes ser muy claro y preciso, escribir en forma detallada tu producto y el por qué los nuevos clientes te deben elegir.

Es aquí donde le darás fuerza a tu producto o servicio y el cómo lo haces.

PRODUCTOS Y SERVICIOS

"Contar con una carta descriptiva o catálogo, te darás a conocer y Neuro conectar con nuevos clientes"

En esta sección se requiere plasmar en forma precisa y sin tanto rollo, tu producto si solo cuentas con uno, es momento de ser creativo, la propuesta única de venta se hace presente en este espacio.

Si ofreces servicios, aquí se precisa de que consta tu servicio, tiempos de respuesta, que valor agregas, la propuesta única de venta se genera con una historia bien contada, Neuro conecta.

PLAN DE MARKETING

"Como vas a Mercadear y quien te va apoyar, que herramientas contarás, determinará tu retorno de inversión, Marketing jamás será un gasto"

¿Cuánto dinero estás dispuesto a perder de evitar invertir adecuadamente para darte a conocer?

Para que el mundo te conozca y generes Neuro conexiones perdurables, es importante además de un excelente producto o servicio hacer una inversión

Adicional y esta está ligada al Marketing, muchas personas se confunden con el concepto de solo publicidad a secas.

Detrás de esa confusión gigantesca esta una respuesta sencilla y muy simple. El marketing ético te dará la estrategia de cómo llegar más lejos, leíste bien. ESTRATEGIA.

La estrategia que emplearas deberás hacerla bien pensada, jamás quieras correr sin dar el primer paso, recuerda que elegir un programa de marketing y un excelente mercadologo jamás lo hagas lanzando una moneda al aire, recuerda que hay dos tipos de marketing, el que realmente da resultados positivos es el marketing ético o de comportamientos.

Tener en cuenta un porcentaje de presupuesto que requieres invertir para crear una campaña exitosa y que el mundo sepa que existes, requiere de pensar 3 segundos antes de dar el paso.

"Me preparo, apunto y disparo, me pongo en acción" esa frase tiene mucho que ver con tu plan de marketing, en esta labor deberás aliarte con personas que tienen la experiencia, poseen la capacidad de orientarte y además de ello, acompañarte en el camino, midiendo los resultados, evalúa antes de elegir, investiga antes de contratar y si y solo si elige acertadamente, conecta con tu ser, tu corazón él te dará el voto más grande de confianza y silencia a la vocecita.

PLAN DE DESARROLLO

"Establecer una métrica de cómo, cuándo y las acciones a medir de desplazar nuestros productos son una herramienta básica en Neuro Conectar"

Mediante métricas que puedes adoptar, usando herramientas de Excel incluso plantillas que ya existen en la web por básicas que estas sean te son útiles, el tema es que comiences a hacer uso de unidades de medida, básicas con forme la experiencia se va sumando puedes adaptar nuevas métricas.

Medir cuantas Neuro conexiones generas, medir cuantos productos o servicios puedes desplazar y medir los costes de operación te da indicadores precisos donde debes hacer ajustes rápidos o ajustes acorde tu plan, recuerda jamás ser reactivo, piensa cada movimiento, enfoca tu energía y elige a detalle las acciones correctivas, plasma en papel que ajustes harás nunca al aire pues el plan termina por la borda.

1.- Producto o servicio (Tu motor generador de Ingresos)

2.- Mercado Objetivo, Nicho y Micro Nicho de Mercado (Personas que beneficiarás)

3.- Costos de operación (nunca por encima del 36%) (Oficinas, Servicios Básicos, Nómina)

4.- Costos de Mercadeo (7% a 10% como mínimo)

5.- Impuestos a pagar (Variable según el país)

6.- Utilidades después de costos e impuestos (40% como mínimo)

PLAN DE
OPERACIONES

"Quien lo hará, Cómo lo hará, Qué hara, Cómo medir resultados" Es la base de cualquier éxito.

Crear un tren productivo resulta fácil cuando tienes un punto de arranque y sabes claramente quien hará y como llevará acabo sus actividades, incluye las tuyas.

Recuerda que Neuro Conectar jamás es fácil si todo lo quieres hacer tu solo, te enfrentarás con el mayor reto. "AVANZAR" te suena la frase "Si te quieres comer solo el pastel, lomas seguro es que termines vomitándolo y nada te lleves al estómago"

Cuál es el mensaje de este refrán. "Actividad en equipo" en una cadena productiva por pequeña que esta sea, siempre es muy útil un par de manos más, en esta etapa de tu proyecto de Neuro Conectar sabes claramente que ya eres un Líder y que puedes atraer talento a tu nuevo proyecto de Neuro conectar relaciones perdurables.

Delegar una parte de las actividades te permite invertir tiempo valioso en generar nuevas Neuro conexiones, recuerda bien que jamás dar por entendido que la persona que colabore en sumar a nuestro equipo de actividad ya sabe o conoce el propósito de tu plan de Acción, deberás explicarle claramente hacia donde van, en equipo, que harán, ´como lo harán y el tiempo a desempeñar, las métricas que emplearas para evaluar resultados y hacer ajustes.

Lo más importante de esto es plasmar en papel las actividades que llevara a cabo este nuevo integrante, puedes generarlo de una forma básica, en una sola hoja de papel, al frente los compromisos por ambas partes, al reverso las consecuencias en caso de incumplir los acuerdos, cuando la impecabilidad de tus palabras se plasma en papel se

convierte en decreto y este abre posibilidades en el campo cuántico, recordarás en temas anteriores.

Trabajar en Equipo

¡Tiene sentido!

ADMINISTRACIÓN Y ORGANIZACIÓN.

"Cada actividad en el tren productivo, tiene nombre y apellido, los resultados gigantescos son grupales, jamás individuales"

Crear tu propio organigrama así repitas nombre al tren de producción es indispensable plasmar en papel, tendrás espacio de sumar talento en incluir su nombre en tu organigrama, recuerda bien, "Pensar en Grande, Comenzar en Pequeño" con un organigrama sabes hacia dónde vas.

Incluye que hará cada persona, su cargo, si eres tú en casi todos, tienes forma de identificar claramente donde deberás acercar y sumar talento en función del crecimiento.

Incluso si alguien externo manejara tu contabilidad y balance, deberás incluirlo en tu organigrama, es la forma más precisa de generar nuevas posibilidades cuando deseas crecer.

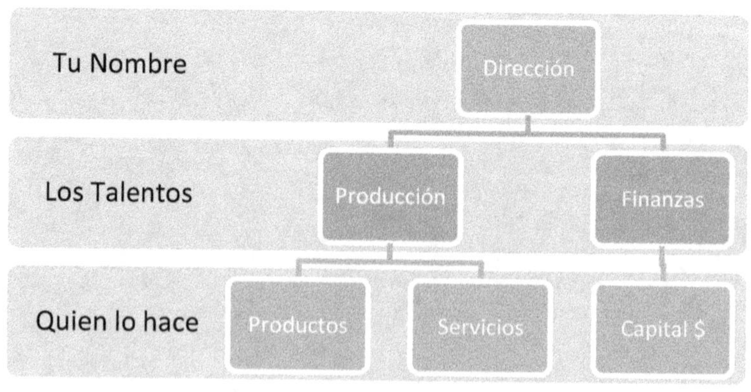

Mapa de tu organización, la complejidad o el tamaño real dependerá de lo que hoy posees

¡Tiene Sentido!

**ESTADO
FINANCIERO
PERSONAL**

"La honestidad con los números, te da la mejor herramienta para tu crecimiento"
"Jamás esperes honestidad de gente barata"
Warren Buffet.

En esta etapa de tu plan de acción, requiere plasmar en papel las cifras que te harán conocer la salud financiera de tu negocio y de tu persona.

Jamás dejes de lado tu salud financiera, cierto es que en la escuela jamás te enseñan finanzas personales, sin embargo algo te motivo a leer este libro, en esa misma motivación es cultivar tu mayor activo, tu mente.

Requiere de educarte en finanzas personales y contar con elementos que te permitan conocer tu actual salud financiera, un estado financiero básico que puedes adoptar para conocer la realidad, tu realidad. Aquí te comparto una plantilla básica.

Nombre de tu Negocio		Balance General

Activos

Activos actuales:	2017	2018
Efectivo	-	-
Banco / Cuentas	-	-
Inventarios	-	-
Cuentas por cobrar	-	-
Gastos pagados	-	-
Otros	-	-
Activos actuales totales	-	-

Activos fijos:	2017	2018
Propiedad y equipo	-	-
Mejoras de arrendamiento	-	-
Equipo y otras inversiones	-	-
Depreciación acumulada	-	-
Activos fijos totales	-	-

Otros activos:	2017	2018

Fondo de comercio	-	-
Otros activos totales	-	-

Activos totales | - | - |

Obligaciones y Cuentas por Pagar (Pasivos)

Obligaciones actuales:	2017	2018
Cuentas por pagar	-	-
Sueldos acumulados	-	-
Compensación acumulada	-	-
Impuestos sobre la renta a pagar	-	-
Ingresos faltantes	-	-
Otros	-	-
Total obligaciones actuales	-	-

Obligaciones a largo plazo:	2017	2018
Hipoteca por pagar	-	-
Obligaciones a largo plazo totales	**-**	**-**

Equipo y Producción:	2017	2018
Capital de inversión Inicial	-	-
Ganancias retenidas acumuladas	-	-
total	**-**	**-**

Obligaciones y Activos totales   -   -

Saldo -   -

Recuerda esta plantilla es solo un modelo de referencia, deberás ajustar a tus necesidades actuales, es importante acercarte con un experto en el tema contable, ojo un experto en materia contable, jamás esperes apoyo de alguien que desconoce este tema, ser claro al momento de buscar apoyo, como ejemplo:

Un panadero es experto en hacer un buen pan

Un Médico es experto en materia de salud

Un Fontanero es experto en reparar instalaciones de agua y sanitario

Un Arquitecto es experto en diseñar una casa.

Una Ama de casa es experta en crear un Hogar y educar a sus hijos.

Un Contador por ende es un experto en señalarte el camino en materia de un Balance General.

PLAN FINANCIERO.

"La libertad financiera como el éxito personal, requiere de una estrategia"
Robert T. Kiyosaky

Incluye estado financiero personal de cada socio y accionista, que muestre los activos y pasivos mantenidos fuera del negocio y del patrimonio neto personal. Los socios a menudo tendrán que recurrir a los bienes personales para financiar el negocio, estas declaraciones mostrarán lo que está disponible.

Roles	Fuente	Cantidad
Efectivo Personal		$
Documentos en Vencimiento		$
Finanzas bancarias		$
Contribución de inversionistas		$
Otros		$
	Total	

El plan financiero consiste en una proyección de 12 meses de ganancias y pérdidas, proyección del flujo de caja, balance provisional y un cálculo uniforme.

Juntos constituyen una estimación razonable del futuro financiero de tu negocio.

Proyección de 12 Meses de Ganancia y Pérdida

Para muchos dueños de negocios, la proyección de 12 meses de ganancia y pérdida es el corazón de su plan. Las proyecciones de ingresos vendrán del pronóstico de ventas, costo de ventas, gastos y ganancias mes a mes por un año.

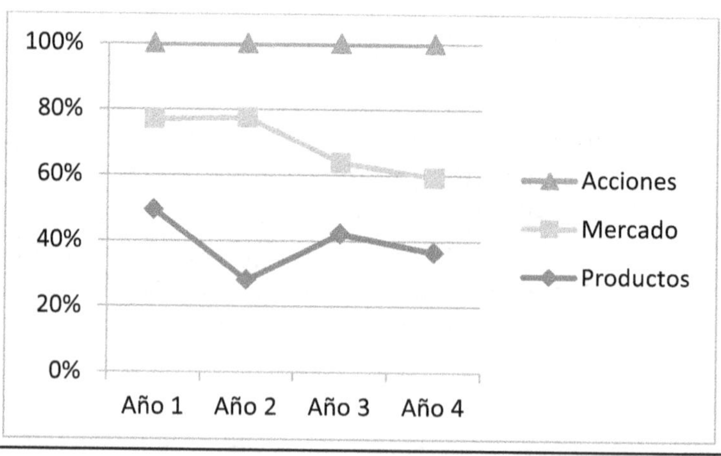

Comienzo del Año Fiscal	Enero	Febrero	Marzo	Abril	Mayo	Junio	Julio	Agosto	Sept	Oct	Nov	Dic	Anual	%
Ingresos (Ventas)														
Producto 1													0	-
Producto 2													0	-
Servicio A													0	-
Servicio B													0	-
Total de Ingresos (Ventas)	0	0	0	0	0	0	0	0	0	0	0	0	0	0.0
Costo de Ventas														
Producto 1													0	-
Producto 2													0	-
Servicio A													0	-
Servicio B													0	-
Costo Total de Ventas	0	0	0	0	0	0	0	0	0	0	0	0	0	-
Ganancia Brut	0	0	0	0	0	0	0	0	0	0	0	0	0	-

a														

Gastos														
Gastos de Salario													0	-
Gastos de Nómina													0	-
Servicio Externos													0	-
Suministros													0	-
Marketing													0	-
Auto, entrega y viajes													0	-
Contables y Legales													0	-
Renta													0	-
Teléfono													0	-
Utilidades / Ganancia													0	-
Seguro													0	-
Impuestos %													0	-
Interés Bancario													0	-
Depreciación													0	-
Total de Gastos	0	0	0	0	0	0	0	0	0	0	0	0	0	-
Ganancia Neta	0	0	0	0	0	0	0	0	0	0	0	0	0	-

Flujo de Efectivo Proyectado

Esta tabla muestra la cantidad que tú necesitas antes de iniciar, para los gastos preliminares, gastos de funcionamiento y las reservas. Actualízalo a medida que cambien las circunstancias.

Para preparar el flujo de efectivo proyectado, identifica cada elemento y, a continuación, determina cuándo esperas recibir dinero en efectivo (para los ingresos) o cuándo tú tendrás que emitir un cheque (para los gastos).

Algunos puntos a considerar:

- Rastrea la información operativa, la cual puede ser equivoca en un flujo de efectivo, sin embargo te permite rastrear detalles que impactan en el flujo de efectivo, tales como compras de inventario.

- Rastrea desembolsos de efectivo previos a comenzar una columna pre-inicio.

- Explica tus principales supuestos, por ejemplo, si tú haces una venta en un mes, ¿cuándo realmente colectas el efectivo? Cuando compras materiales ¿pagas por adelantado, al momento de la entrega o mucho después?

- Pagos de préstamos, compras de equipo y mobiliario de oficina por lo general están ausentes en los estados de pérdidas y ganancias, sin embargo definitivamente toman dinero en efectivo. Asegúrate de incluirlos.

- La depreciación se ausenta del flujo de efectivo porque es una proyección anual, este término reside sin impacto al movimiento de caja diario

Hoja de Balance al Día de Apertura

"Para hacer volar a un avión, se requiere más que el avión; requiere de una torre de control y de una pista para despegar y un plan de Vuelo"

La hoja de balance muestra los elementos de valor en poder del negocio (activos) y los cuáles son deudas (pasivos). Cuando los pasivos se restan de los activos, el resto es patrimonio de los socios.

Análisis del Punto de Equilibrio

"La evaluación médica siempre va acompañada de ajustes en la receta" La salud de un negocio se determina si realmente se goza de salud financiera.

El análisis del punto de equilibrio predice el volumen de ingresos por ventas realizadas, a un precio dado, requerido para recuperar el total de costos. En otras palabras, es la línea divisoria entre operar por pérdidas y operar por ganancias.

Completa el plan de negocios hablando de tu estrategia de salida preferida. Ejemplos de estrategias de salida incluyen hacerse público,

Estrategia de Salida

Vender la empresa una vez que alcance un cierto nivel de rentabilidad, o continuar haciendo crecer el negocio.

Del mismo modo, si el negocio se detiene fuera de lo previsto, ¿cuáles son las opciones para salir? Esto muestra a los socios, especialmente los inversores, que has considerado todas las opciones y tienes contingencias en su lugar si el negocio evita la devolución de un beneficio dentro de un plazo determinado.

Un ejemplo sería el potencial obtenido por derechos de autor, licencias y propiedad intelectual. Todos estos podrían recuperar el dinero si el negocio dista de alcanzar sus objetivos.

Destaca para el socio la única razón por la que debe invertir en tu negocio. Sé entusiasta sin recurrir a la exageración o clichés. Alienta al lector para contactarlo y obtener más información y guíalos al material adicional que apoye tu plan de negocios.

¡Tiene sentido!

"Llego la hora de extender tus Alas"

AVATAR A VOLAR 

Alusivo al film de James Cameron, donde relata una historia fantástica en otro lugar de la galaxia y con seres gigantes. Este libro te provee las herramientas necesarias para generar Neuro Conexiones sin ser de otra época o galaxia.

La suma de tus talentos con información probada en diferentes universidades como en muchas personas que ya usan estas herramientas asociadas al cerebro humano, creando un parte aguas en tu mente; definitivamente genera cambios transformacionales sistémicos, te permitirás evaluar y medir tus propios resultados.

Esta es mi propuesta única de Venta, transforma tus pensamientos, piensa adecuadamente tus acciones, actúa a pesar del miedo, actúa a pesar de las circunstancias, actúa por que te mereces un mejor presente, te mereces un futuro extraordinario, los logros serán parte de tu vida con acciones constantes, nuevos enfoques, nuevos paradigmas.

Esta obra lleva valor y valor recopilado a través de los años de fracasar y probar, es la suma de muchas experiencias de grandes personas y Líderes que también como tú pasaron por muchas inquietudes.

Muchas experiencias dolorosas, mucho amor ilimitado, asociado al amor también vivimos muchos cambios y logros extraordinarios, un la invitación más clara dicho de la siguiente manera.

¡"Si él puede, Yo también Puedo"!   ¡Si se puede, siempre se puede!

Henry Ford decía.

¡Si crees que puedes, estas en lo correcto! ¡Si dudas en poder también estas en lo correcto!

Ha llegado el momento de extender tus alas, llevarlo a la acción, ponerte en modo hervir, convertirte en un poderoso AVATAR.

Conectar nuestras emociones en acciones bien enfocadas, salir al mundo a Neuro conectar con mejores herramientas de pensamiento, nuevo lente de enfoque te dará los primeros resultados y estos deberán ser medibles.

Ten presente que llegar a la cima es parte de tu sueño, dar pasos seguros bien enfocados y con tu brújula del conocimiento, sin ligar a dudas te llevara a ella.

Tus emociones bien controladas y medidas te darán mejores resultados.

Desafiar tus propios límites es parte de la colegiatura que deberás pagar, pues la zona de confort está delimitada y es momento de saltar.

Solo sabrás que hay al otro lado si el impulso es el adecuado y el deseo ferviente por descubrir el maravilloso mundo AVATAR te convierte en un poderoso guerrero TORUCK MACTOO.

La maravillosa oportunidad de alcanzar tus sueños, tus metas en corto, mediano y largo plazo son el motor para ese sueño, la gasolina son los seres a quienes quieres integrar en tus planes, tu fuerza son los pensamientos que bien encausados guían tu agenda diaria

Quiero compartir contigo esta última historia que de algún modo te hará reflexionar y elegir adecuadamente las nuevas acciones a tomar.

Esta historia la aprendí de un gran amigo y que hasta la fecha él sigue narrándola de una manera extraordinaria y majestuosa, mi amigo. Manuel Alonso Inclán Neuro Trainer, Mexicano de Nacimiento y que actualmente radica en Lima Perú. La historia para mí ha significado y tiene mucho sentido con el transcurso de las historias antes narradas que aquí comienza.

La analogía de Viejo oeste.

En una película del viejo oeste, con una escena típica donde una diligencia cruza una zona de alta peligrosidad en aquella época, dicha zona era de dominio de apaches, sin embargo la diligencia debía cruzar esa zona.

La diligencia tirada por caballos a toda prisa el cochero va más rápido, dentro de la carreta viajaba una doncella, el escenario se torna difícil con la presencia de una gran cantidad de guerreros apaches deseosos de tomar esa diligencia, el cochero acelera el tirar de los caballos al tope, la doncella se percata de la presencia de apaches y le grita al cochero, ¡Más Rápido, más rápido cochero!

En un instante se abre la escena de la película y, la diligencia se dirigía a un precipicio que en el viejo oeste se hace notar, la doncella se da cuenta de lo que hay adelante y le grita al cochero ¡Detenga la Carreta, Detenga la Carreta! Y no pasaba nada, de pronto se asoma para ver que estaba pasando y se da cuenta que el cochero yace muerto con una flecha en la espalda. Y la carreta inevitablemente, a una caída y derecho al precipicio.

Esta historia se asocia a una metáfora de Platón.

Cuando ese gran pensador decía.

Los caballos son las emociones, las riendas son los pensamientos, la carreta es el cuerpo, el cochero es la mente y la doncella que grita desesperada es la consciencia.

Por más que la consciencia grite, si la mente está muerta. ¿Quién va a jalar las riendas de los pensamientos para detener a los caballos? Y la consecuencia será una caída inevitable al precipicio.

Nuestra consigna es. Poner al cochero en su sitio, es devolverle la mente al cuerpo, es darnos la posibilidad de poner a nuestra mente por encima de nuestras emociones y, poner al creador en su lugar.

Para que sea el que detengas el ímpetu de los pensamientos y detenga a los caballos que reaccionan frente a todo lo que está pasando en nuestro entorno.

Cuando tomó las riendas, cuando tomo el timón, cuando me convierto en capitán de mi vida, es entonces cuando comienzo a crear mi realidad, cuando empiezo a transformar lo que yo deseo, es cuando me resisto rotundamente a la idea de pensar que lo que sucede en mi entorno determina la persona que soy. Que lo que está allá afuera determina lo que yo siento. Cuando me resisto a pensar que soy una víctima, cuando dejo de pensar que soy una marioneta del destino, cuando me impongo a construir el escenario de mi propia vida.

Y cuando eso sucede, entonces me doy cuenta que mientras más pensamientos positivos yo género, más estoy impactando favorablemente a mi realidad.

¡WOW! Es una maravillosa historia desde mi óptica y la forma majestuosa de vincular ese pensamiento.

Ahora puedes crear tu nueva realidad, rompe los viejos esquemas que nada sea parte de la casualidad, pues a partir de hoy, ¡Todo es Causalidad! En tu vida.

Declara al Universo que eres un ser renovado y comprometido en alcanzar tus sueños, aprendiendo día a día, siendo parte indispensable de la revolución del pensamiento y un guerrero inquebrantable de tomar acción.

Que los resultados sean el objetivo, que la causa tu firme propósito y que esta hermosa raíz llegue tan profundo, tan fuertes, tan sólidas que en el futuro cuántico se confirme tu realidad de éxito, pues además de ser palabras, convierte en declaraciones al universo, haciendo uso del poder de la palabra, conectándote y manteniendo el puente cuántico en tu nueva realidad, haciendo crecer tus pensamientos positivos hacia ti y hacia tu objetivo.

Conviértete en ser más terco en alcanzar tus sueños y tus metas de largo plazo, planta las semillas día a día en terreno fértil, ahora sabes manejar la Ley de las proporciones.

Aprende día a día que las Neuro conexiones si son perdurables cuando te comprometes a servir y además sabes servir con un propósito bien definido.

Aprende a ser sensible, a conectar las emociones y mantener el control sobre de ellas, pues el camino a la cima jamás es más corto cuando ya tienes un camino trazado y este ha sido probado por muchas personas y te invitan a subir a la cumbre.

Ahora que posees nuevas herramientas, una óptica que puedes enfocar y mantener la concentración en un objetivo bien definido. NEURO CONECTA toma ACCIÓN.

Y genera CONEXIONES PERDURABLES, lo mágico de todo esto que ahora está en tus manos, recibirás las más increíbles recompensas nunca antes imaginadas, esto se traduce en muchas formas de recibir; ya sea ingresos, viajes, cosas sorprendentes, momentos increíbles, lugares extraordinarios y lo mejor de ello. Conocer personas maravillosas en muchas partes del mundo si así lo eliges.

Conecta primero tu SER para que puedas generar y HACER, visualiza y trabaja constante paso a paso sin detenerte siendo un terco en lograr tus sueños para TENER.

La fórmula así funciona, es una Ley y es la Ley de la Atracción, conviértete en un DOER, UN HACEDOR de cambios, de logros, un Neuro Transformador de seres comunes en Seres extraordinarios, en las mismas características como tú.

Ser Extraordinario de maravillosas cualidades, eso mismo está en ti, yace en tu corazón

Observa ante un espejo a la persona que hoy tiene vida, a la persona que nació con los dones más increíbles hasta ahora conocidos.

La persona que ves en el espejo, está decidida a cambiar su mundo interior para generar un reflejo extraordinario de un mejor mundo exterior.

Ha llegado al momento AVATAR de reconocerte y observar más allá del espejo a ese gran guerrero que yace en tu alma, que la victoria y el éxito si es posible alcanzar.

Sin importar los obstáculos, las condiciones y los rechazos de muchas otras personas que por alguna razón siguen sin conectar contigo, que eso sea la gasolina para regresar y Neuro Conectar con más fuerza y determinación, que sea tu himno el " Sí se Puede" ¡Siempre se puede!"

Que ahora que sabes que tu mente es tu mayor activo y te llevara a la cima de tus sueños, toma las riendas de tus pensamientos, date permiso de conectar tu SER, date permiso de permitir a la divinidad que mora en ti, expresar los dones que te han concedido, pues eres un gran guerrero(a) con enormes capacidades de transformarte, primero tú, primero tu SER.

¡GUERRERO AVATAR LISTO PARA INICIAR TU PRIMER VUELO A LA LIBERTAD, LA PROSPERIDAD, LA RIQUEZA Y TRASENDER CON TODOS TUS DONES Y APORTAR AL MUNDO LO MEJOR DE TI!

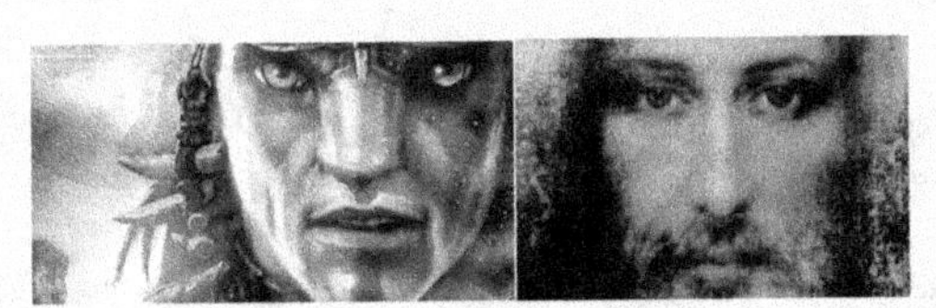

BIBLIOGRAFIAS

Tecnocomunicación.- Editorial Urano.- José Cruz Ramírez

Líderes del Tercer Milenio.- Editorial Grad.- Miguel Ángel Cornejo

Infinitud Humana.- Editorial Grijalbo.- Miguel ángel Cornejo

La imagen del Éxito.- Editorial Mac Graw Hill.- Gaby Vargas

Liderazgo en pocas palabras.- Vila Editores.- Mauricio Nelligan

Master para emprendedores.- Luis Eduardo Barón

Estamos Ciegos.- Jürgen Klaríc

Manuel Alonso Inclán.- Neuro Trainer

Inteligencia Emocional.- Daniel Goleman.- Editorial Vergara

Los Hábitos de la Gente altamente Efectiva.- Stephen Covey

Los Cuatro Acuerdos.- Dr. Miguel Ruíz, editorial Urano

El hombre más rico de Babilonia.- George Clason.- Editorial Obelisco

Sitios WEB para contactar a los antes descritos

www.cornejoonline.com

www.gabyvargas.com

www.stephencovey.com

www.institutodenegocios.com

https://jurgenklaric.com

www.gebac.pe

http://www.danielgoleman.info/

http://afiliadosecreto.com/

NOTAS FINALES DEL AUTOR 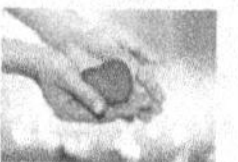

¡Algo más para recordar!

Nunca está de más cuestionar nuestro entorno, cuestionarte, cuestionar en lugar de aseverar.

Lo antes plasmado sin duda es el contenido de grandes personas y seres extraordinarios cuyo propósito de vida es facilitarte el camino al éxito, muchas personas han recibido su conocimiento y me incluyo en la enorme lista de beneficiados, valor y más valor, conocimiento y más conocimiento aportan en lo que mejor saben compartir y son expertos.

Ahora tienes una selección de herramientas que indudablemente líderes empresariales y emprendedores en proceso emplean constantemente, generando cambios, impactando a personas con deseos de crecer.

Dejar un legado, trascender como grandes visionarios, grandes líderes que toman acción y crean puentes con personas, con países, con sueños y realidades, que conocen el camino a la plenitud.

Mi agradecimiento en la más amplia definición por tomar la inquietud y abrir la posibilidad de hacer las cosas de una forma diferente.

Somos parte del contexto, estamos conectados y dejaremos de estar ciegos.

Gracias Infinitas desde mi SER para tu SER.

Gracias por elegir un ¡SI o SI logro mis sueños!

Gracias por ser parte de esta maravillosa escuela llamada VIDA.

Gracias Infinitas por darte el permiso de Neuro Conectar y generar relaciones perdurables.

¡Gracias, Gracias, Gracias!

DONDE ME ENCUENTRAS

Contacto en Cd. De México

waldemar.mejia@gmail.com

Linkedin /waldemar mejiab

Coach Waldemar Mejia Becerril

@coachwaldemarmejia